「倫理の問題」とは何か

メタ倫理学から考える

光文社新書

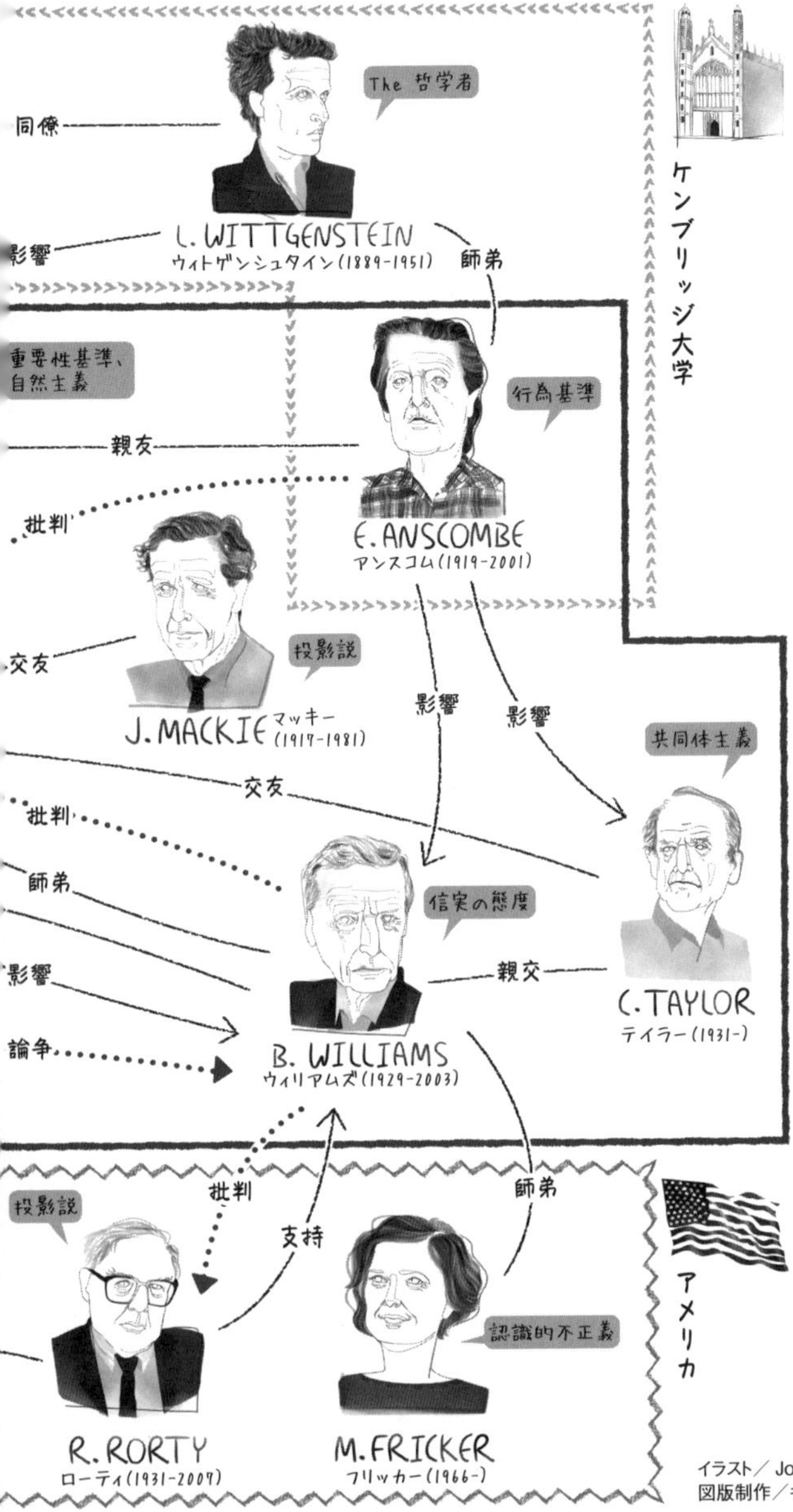

イラスト／ Jody Asano
図版制作／キンダイ

本書に登場する倫理学者相関図

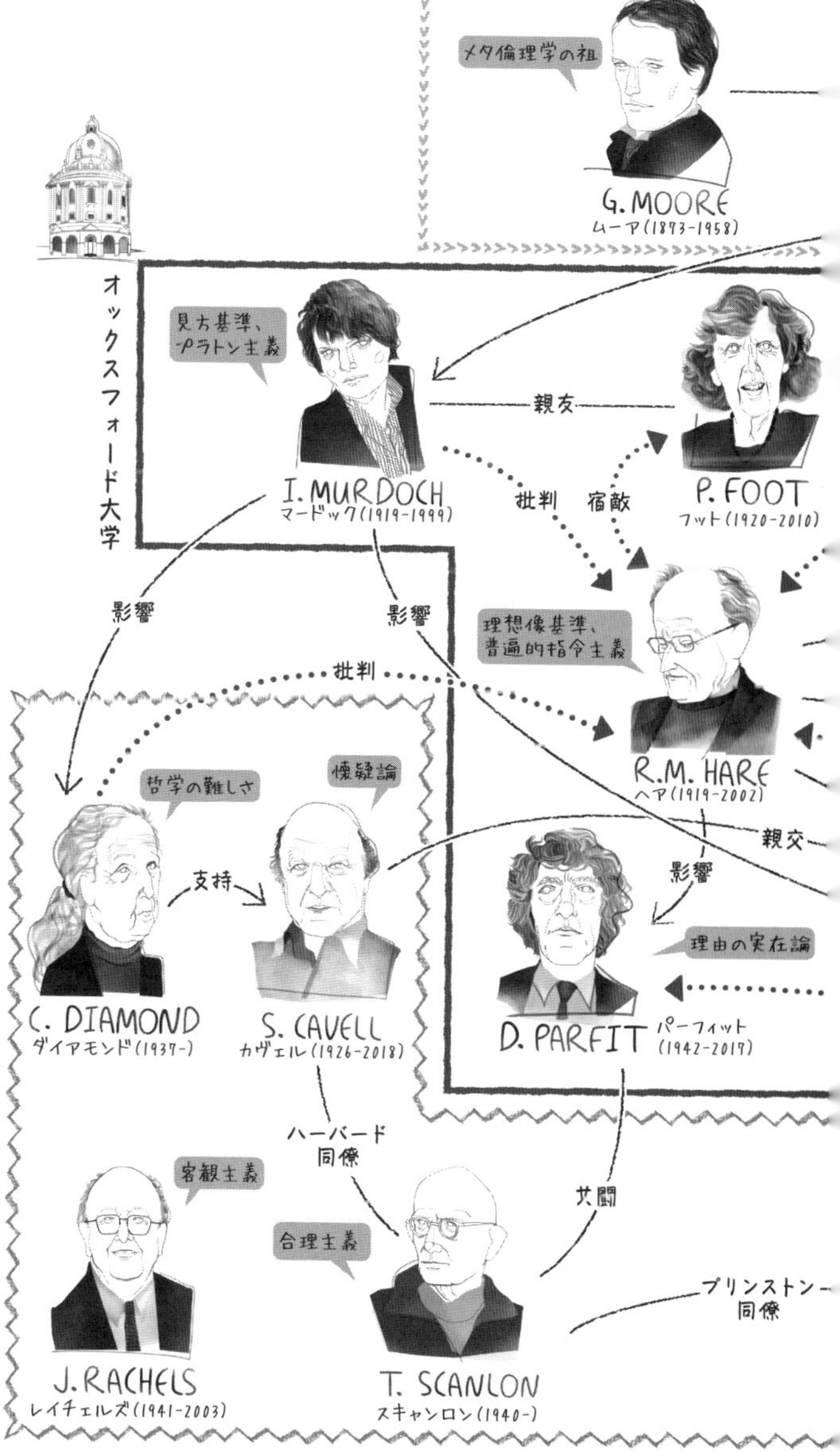

序章

本書で扱うのは、「倫理の問題に私たちはどう向き合えばいいか」という問いです。具体的に言うと、以下の三つのことを考えます。

①倫理とはどんなもののことなのか
②倫理の問題とは何を考える問題のことなのか
③倫理の問題にどんなふうに向き合えばいいのか

①と②を考えることを通じて、③を考えようというのがこの本の目論見です。これらの問

題に実際に悩んだことがある、悩んでいる、将来悩みそう、という人は本書を通じて倫理の問題とは何なのか、それにどう向き合えばいいか、ということについて一緒に考えていってもらえればと思います。

もちろん、倫理の問題に悩んだことはないし、悩んでいないし、これからも悩みそうにない、という人もいるかもしれません。多分、そのような人たちは二タイプに分かれるように思います。

第一のタイプは、そもそも倫理に全然興味がない人です。そうした人は、このような本にも関心がないかもしれません。ですが、そのような人でも、どうも世の中には倫理の問題に興味を持っている人が一定数いるようだ、ということは薄々感じているはずです。だとすると、倫理の問題に興味がない自分と、倫理の問題に興味がある人たちの間で、何が違うか、気になりませんか。倫理の問題に興味がある人たちは、どうして善とか悪とか正義とかを気にかけ、倫理的に許されるとか許されないとか、言っているのでしょう。そして、倫理に興味がないあなたに、どうしてそれを押しつけてくるのでしょう。

第二のタイプは、自分は倫理の問題への向き合い方をもうすでによく分かっている、という人です。そのような自信がある人は、確かに倫理の問題に悩むことはないかもしれません。

しかし、そのような人たちは、逆に、倫理に興味のない人のことが、気になりませんか。どうして、世の中には倫理の問題に興味がない人がいるのでしょう。その人たちは何を考えているのでしょう。どうして、こんなにも重要な倫理の問題に対して、彼らは興味のないふうでいられるのでしょう。

倫理に興味のある人であれ、興味のない人であれ、本書を通じて、倫理の問題に対するひっかかりを解きほぐしていくと、少し倫理についての見方が変わると思います。それは同時に、自分自身、自分と他人、自分と世界の理解にもつながっています。倫理の問題との向き合い方を考えることを通じて、今までと少し違った仕方で世界を眺められるようになる、それが本書の目指すところです。

●倫理が問われる現代社会

少し具体的なことを考えましょう。昨今、倫理が話題になることは、何かと多いように思います。たとえば、２０１８年、中国の研究者が、受精卵の段階で遺伝子を操作した子どもを誕生させたと発表した際には、これは倫理的に許されざる行為だと、世界中から非難の声があがりました。また驚異的な速度で進展している人工知能の開発については、世間だけでなく、科学者たち自身からも倫理上の懸念が示されています。

　iPS細胞を中心とした万能細胞による再生医療にあっても、その代表的な研究者である京都大学の山中伸弥《やまなかしんや》が「生命科学の急速な進展に伴って、生命倫理の研究も今まで以上にその意義が急速に増大している」（山中伸弥編『科学知と人文知の接点』6頁）と述べて、倫理的な問題へ慎重に配慮しながら科学の研究は進められなければならないということを再三強調しています。

　もちろん、倫理が問われているのはこうした科学の分野だけではありません。新聞やニュースを見れば、自社の経済的利益のために、消費者をないがしろにした企業が責められることは日常茶飯事です。あるいはいくつもの大学の医学部が受験生の性別や年齢などによって入試の点数を不当に操作していた事件など、様々な形での差別、不平等は連日メディアに取り上げられています。

　また、新型コロナウィルス感染症の流行に際しては、政治指導者たちの倫理観はもちろん、転売や買い占め、デマの流布、外出や企業の営業活動の自粛、マスメディアの取材・放送の姿勢、感染者やその関係者に対する差別や非難、困窮する人々に対する支援など、私たちすべての市民の倫理観が様々な形で問われ、露わにされることになりました。黒人差別に反対するBlack Lives Matter（黒人の命は大切だ）の運動を思い起こした人もいるかもしれません。

　とはいえ、最近になって突然人々が倫理を気にかけなくなった、非倫理的になった、だから倫理が問われているのだ、というわけでもないでしょう。法務省の統計によれば、日本で一年間に起きる刑法犯の認知件数は平成十五年から減り始めて、ここ数年は毎年、戦後でも最少を更新し続けています。[1]感染症の世界的な流行という未曽有《みぞう》の事態にあっても、多くの人は助け合い、譲り合い、皆で困難を乗り越える努力を続けています。

　体罰や様々なハラスメントの認知件数は増加していますが、これは体罰やハラスメントは犯罪であるという認識が広まったことによるもので、これまで「仕方がない、我慢すればいいものだ」と諦められていたものが、「おかしい、是正すべきことなのだ」と理解されるようになったことによります。したがって、このことはむしろ少しずつでも世界が倫理的に良い方向に進んでいることを示していると言えるかもしれません。

　他方で、科学の発展によって新しい技術が登場し、それに従来の私たちの倫理観が追いつ

1　法務省『令和二年版　犯罪白書』より。

けていないという現実も確かにあります。最初に述べた遺伝子操作や人工知能などの事例はそうしたものの最たる例でしょう。これまで人類は受精卵の遺伝子を操作する技術を持ちませんでした。子どもはもっぱら授かるものであって、自由に選ぶようなものではなかったのです。あるいは、自動的に判断を下す機械、自分たちよりも賢い判断をしうる機械と出会ったこともありませんでした。そうした可能性は映画や小説のなかで論じられる程度であって、誰もそんなことを真剣に考える必要はなかったのです。

ですが、歴史的に見れば、人類は何度もそういった倫理観のアップデートを求められる局面を乗り越えてきています。移動手段の発達によってまったく別の文明と出会ったとき、重化学工業が環境を破壊するほどの力をもったとき、人類を絶滅させられるような兵器を開発したとき。場合によっては非常に長い時間をかけつつも、常に人々は粘り強く話し合い、新しいルールを作り、自らそれに従ってきました。

もちろん、定期的にそうしたルールは破られたり、抜け道が見つけられたりします。ルールを守ろうとする人々の努力や我慢にただ乗りする人、それらを悪用する人も現れます。それがときに悲惨な事件を生み出してきたことは、決して忘れてはなりません。ですが、それでも全体として、人類は一定の倫理をもって自らを律してきました。

個人に目を移してみても、私たちは誰もが無力な赤ん坊として生まれ、周囲の人の助けを得てなんとか生き延び、成長していきます。そして、そのなかで、人付き合いの方法を学び、価値観をはぐくみ、分別を身につけ、何かしらの倫理観を身につけていきます。

もちろんときにはそこから逸脱することもあります。それでも自分にとって「やってはいけないこと」と「やってもいいこと」の区別がまったくない人というのは想像しにくいでしょう。法を犯した人であっても、やむにやまれぬ事情があったり、「やってはいけないこと」が世間の人とは違っているだけであったりするのであって、そうした感覚をまったく持たないというわけではないように思われます。いわゆる任侠モノの映画などに見てとれるように、アウトローにはアウトローの倫理があるというわけです。「やりたいことをやれ」という一見なんでもありの信条も裏返せば、「やりたくないことはやるな」という区別を含んでいます。

●倫理のあるなし

とはいえ、そうした一般的な倫理とは違ったルールが倫理と呼ぶに値するものであるかどうかは、一考の余地があります。障碍《しょうがい》者やユダヤ人を虐殺したナチ党員たちも、自分たちを律する厳格なルールを有していましたし、概して法律にも従っていました。彼らにもやっていいことと悪いことの区別はあったのです。ですが、彼らに倫理があったとするには抵抗がある人も多いかもしれません。どうでしょう、彼らには倫理がなかったのでしょうか、それとも私たちとは違った彼らなりの倫理に彼らは従っていたのでしょうか。いったい倫理というのは何のことを指しているのでしょうか。

ここで、そんなことどうでもいい、どうやってその非道な行いをやめさせるか、ということこそ大事だろう、という人もいるでしょう。確かに、現に目の前で暴力がふるわれている場合、その反論はきわめてもっともです。あれこれ言わずに助けることが先決ですし、本書でもその点に異議はありません。

とはいえ、次のような場面を考えてみてください。小学生の子どもたちが、クラスメイトに常習的に暴力をふるっているとします。確かに、この場合もまずは現場で叱る、クラス替えをする、などの対応があり得ます。それはもちろん重要なことです。しかし、それだけで子どもたちは本当に心を改めるでしょうか。結局は教師の見ていないところでまた暴力をふるう、新たなクラスで暴力をふるう、といったことになってしまうことがあるのではないでしょうか。

では、長い目で見て、子どもたちの行動を良い方向に向かわせるにはどうしたらいいでしょうか。一つの可能性として、彼らが倫理についてどんなふうに考えているのかを探ってみるというものがあるかもしれません。

実際、このとき、子どもたちは倫理についてどんなふうに考えている可能性があるでしょうか。

①暴力が倫理的に悪いことだと分かっているが、やめる気がない

②暴力が倫理的に悪いことだと分かっていない

まずは①の可能性について考えてみましょう。この場合、子どもたちは自分たちの振る舞いが倫理的に悪いことであると理解しています。学校の授業で暴力はいけないことだと習ったのかもしれません。しかし、その上で、彼らは倫理的に良く振る舞うことに重要性を見出していません。ですので、このうえ暴力は倫理的に悪いことだと指摘しても、何の効果も期待できません。彼らは倫理を気にかけていないので、他人を傷つけることが倫理的に悪いことであるということを認めた上で、「確かに暴力は悪いことだよ、だから何？」と言って、

さらに暴力に及ぶことができます。

　もしかしたら、子どもたち自身が家庭で日常的に暴力をふるわれており、そのために暴力の悪さというものをどうでもいいものと思うようになってしまったのかもしれません。いずれにしても、彼らにとって倫理というものは、それ自体としては、何の抑止力も持ちません。

　したがって、子どもたちに行動を改めさせたいのなら、まず、倫理的に良く振る舞うことは自分たち自身にとっても重要であるということを理解してもらわねばなりません。それはたとえば、倫理的に良く振る舞うと何らかの利益が得られる、逆に倫理的に悪く振る舞うと不利益が生じる、と示すことかもしれませんし、倫理的に良くあることそれ自体がもつ価値を示すことかもしれません。

　では②の可能性、「暴力が倫理的に悪いことだと分かっていない」の場合はどうでしょうか。この場合、彼らは倫理を気にかけていないというより、自分の理解している倫理からすると、自分のふるっている暴力は問題ではない、と考えているように思われます。自分なりの倫理に従っているのであれば、①の場合と違って、子どもたちはすでに倫理の重要性を理解していると言えるかもしれません。その上で、暴力は倫理に反さない、自分たちは倫理的に悪いことをしていないと信じています。

ですので、子どもたちは仮に咎《とが》められたとしても、「悪いことはしてないよ、こいつが殴られるようなことをしたんだよ」「確かに殴ったけど、まあ、たいしたことじゃないよ」と反論してくるかもしれません。他人を傷つけることは、彼らの論理では、悪いことではないのです。そのため、先ほどの場合と違って、子どもたちに行動を改めさせるためには、他人を傷つけることは倫理的に正しくない、と理解させることが必要になります。

これは当然、子どもに限った話ではありません。セクシュアルハラスメントを行う人は、「たいしたことじゃないのに、うるさく言うな」と思っているかもしれませんし（悪いと思っていない）、ひどく人種差別的、性差別的な人の多くも「自分自身は他の人よりも公平な人間だ」と思っているというデータもあります（悪いと思っていない）[2]。他方、生活必需品の買い占めを行う人は「悪いことだと世間に非難されるのは分かっているが、買い占めて高く売れば儲かるから」（悪いと分かっているがやめる気がない）と思っているかもしれません。[3]

2 PsyPost 2020.6.8 *Study finds the most racially prejudiced people tend to think that they are less racist than the average person* より。

3 そもそもこうした買い占め行為は倫理的に悪いことではない、という考えもあります。関心がある人は『不道徳な経済学：転売屋は社会に役立つ』という書籍を読んでみてください。

こうしたことから分かることは、まず目の前で起きている悪事の制止が大事なのは間違いないとしても、同時に、全体として悪いことを減らしたり、長い目でその発生を予防したりしようと考えるなら、教育の方法や社会制度の設計といったものにも踏み込む必要があるということ、そして、そうした制度は、人々の考え方に合わせて設計されねばなりませんが、そのためには、それぞれが考えている倫理とは何なのかを真剣に考えてみる必要があるということです（もしかしたら、検討の結果として、倫理など全然大事ではなく、むしろ理屈にかなっていないのは悪事を制止しようとする方であった、ということが分かるという可能性もないわけではありません）。

今述べたことは、社会のレベルでの話ですが、これは個人のレベルでも同じように当てはまります。日々の一つ一つの行動の良し悪しを考えることもとても大事ですが、同時に、倫理そのものについてどのように理解するのかを考えることは、それ自体は小さなことでも、日々の生活の中で積み重なっていけば、私たち一人一人の人生全体の在り方を左右する重要な問題になり得ます。

倫理は本当に無視してもいいようなものなのでしょうか、それとも誰にとっても大事なものなのでしょうか。自分なりの倫理などというものは本当に存在するのでしょうか、それとも誰もが従わねばならないような倫理、いわば普遍的な倫理があるのでしょうか。それは悪いことだと心から思いながらも、あえて他人を傷つける、というようなことは本当にありえるのでしょうか、それとも、本心では別に悪いとは思っていないから、他人を傷つけるのでしょうか。

本書で考えていくのはこうした一連の問いです。したがって、本書は倫理を扱うものですが、個々の場面で倫理的に良いものは何かとか、私たちは個々の具体的な場面で何をすべきかといったことを直接的に論じるものではありません。したがって、本書を読んでも、申し訳ないのですが、受精卵の遺伝子を改変してもよいか、人工知能を開発してもよいかということへの直接的な答えは得られません。

むしろ、そうした事柄を倫理の側面から見るとはどのようなことか、倫理の問題には答えなければいけないのか、そもそも倫理の問題に答えはあるのか、倫理の問題は私たちに何を求めているのか、といった問いを考えることで、読者の皆さんが自分自身で倫理についてよく考え、長い日で見て、倫理の問題への向き合い方を考えてもらえればと思っています。

●倫理とは何のことかという問い

前節の最後に述べたことを、もう少し詳しく掘り下げてみましょう。この本で考えたいのは、倫理の問題との向き合い方です。それは個々の倫理の問題に答えを出すこととは違っています。

数学の問題と対比して考えてみましょう。数学の問題に答えを出す方法は、様々あるでしょうが、その一つは計算をしたり、証明をしたりすることです。「2＋3はいくつ？」という問題に答えを出すには、足し算という計算方法を覚えて、それを使えばよいでしょう。他方、数学の問題との向き合い方を考えるというのは、それとは違った問いです。それはむしろ、微分や積分を習って何になるの？　とか、数学の問題を考えるというのは人生にとってどんな意味をもつの？　とかいった問いです。そして、それに答えるために、そもそも数学の問題を考えるって何なの？　数学って何なの？　ということまで考える、それが数学との向き合い方を考えるということです。

倫理の問題に向き合うというのも同じです。倫理の問題に答えを出すとは、クラスメイトに暴力をふるってもいいかとか、人の受精卵の遺伝子操作を行ってもいいか、とかいった具体的な問いに、何らかの論証を通じてその是非を答えることです。他方で、倫理の問題との向き合い方を考えるというのは、倫理のことを考えて何になるの？　とか、倫理は人生にとって何か意味があるの？　とかそういうことに焦点を当てます。そして、それに答えるために、倫理の問題って答えがあるの？　そもそも倫理って何なの？　などといったことを考えていきます。

もちろん、自分は倫理という言葉の意味くらい分かっているし、皆、同じように分かっているはずだ、と思った人もいるかもしれません。現に私たちの多くは、日常のなかで倫理という言葉について深く考えたりしませんが、それでもたいてい倫理的に適切に振る舞っています。あらためて言葉にして考えずとも倫理のことは分かっている、と言いたくなる気持ちも分かります。

しかし、私たちは本当に倫理のことを分かっているのでしょうか。たとえば、冒頭の事例で「遺伝子操作は倫理的に許されない」と言う場合、これはただ単に「遺伝子操作は許されない」と言う場合と何が違っているでしょうか。「それは倫理的に問題だ」と言うとき、それはいったいどんな問題を指しているのでしょうか。それは数学の問題とどう違っているでしょうか。

実際、子どもの頃から家庭でのしつけや学校教育などを通して何度も言われているので、私たちは何が倫理に反するか、ということについては、ある程度、共通の理解をもっています。人のものを盗んだり、嘘をついたりしてはいけない。しかし、それがいったい何に反しているのか、倫理とはそもそも何を意味しているのか、についてはそこまではっきりと説明できる人は少ないのではないでしょうか。

これはちょうど、赤いものとは何かという問いには答えることができる一方で、赤さとは何かを説明せよと言われると戸惑ってしまうこととも似ています。赤いものなら、トマト、信号、ポスト、テントウムシなど、たくさんのものを挙げることができます。ですが、赤いものではなく、赤さとは何かを説明してほしい、と言われたら、私たちは困ってしまうように思います。

また、最近では、ロボットに倫理や道徳をプログラムする、しないということが、人工知能を開発する研究者たちによって議論されています。そのときによく問題になるのが、いったいどんな機能を搭載したら、そのロボットは倫理を身につけたことになるのか、ということです。[4]

たとえば、落ち込んでいたら優しい声音で慰めてくれるロボットは、たとえそのように行動するようプログラムされた機械だとしても、倫理的なロボットと言えるでしょうか。あるいは事故を起こしそうなときに、巻き込まれそうな人の数を瞬時に計算し、その数をもっとも少なくする行動をとるロボットなんかはどうでしょうか。

実際のところ、倫理とは何のことなのか、ということを明らかにすることは、非常に困難です。辞書を引けば「人としての道、うんぬんかんぬん」などといったことが書いてありますが、それも漠然として何だかよく分かりません。動物たちもときに助け合いますし、チンパンジーは与えられた作業の報酬としての餌の配分が不平等だと怒る、という動物行動学の知見もあります。それでも彼らは倫理をもたないのでしょうか。

あるいは、倫理は受精卵の遺伝子改変を禁止するかもしれません。飢餓救済への寄付を推奨するかもしれません。では、禁止や命令、推奨などによって、私たちを一定の振る舞いの道筋へと導くものこそが倫理でしょうか。しかし、何かを禁止したりするのは倫理だけではありません。経済、効率、美醜、マナー、エチケットなど様々なことが、私たちの行動に口出しをしてきます。

4　こうした問題を中心にしながら倫理の問題を考える優れた入門書に久木田水生、神崎宣次、佐々木拓著『ロボットからの倫理学入門』があります。

仮に、ルールという言葉の意味を非常に広くとって、何か固有の観点から理想的と言えるような行為をするように私たちを導く働きをするようなものをすべてルールと呼ぶことにしてみましょう。その場合には、「倫理とは何か」という問いは、倫理的なルールとそうでないルールとの違いは何かという問いとして読み替えることもできるかもしれません。

皆の役に立つのが倫理だと考えた人もいるかもしれません。では、熱心に慈善活動を行い、結果として多くの人を幸せにしているのだけれど、その方が名前が売れて儲かるから、という理由でそのような活動をしている企業は倫理的でしょうか、それとも偽善的で非倫理的でしょうか。

ここまで様々な事例を出してきましたが、結局、私たちが倫理と呼んでいるものの正体は何なのでしょうか。どうして私たちは倫理が気になってしまうのでしょうか。倫理はそんなに大事でしょうか。

本書はこうした一連の問いに、基本的にはいわゆる西洋倫理学、なかでもイギリスやアメリカを中心として展開されてきた現代倫理学の立場から取り組んでいきます（こうしたアプローチは倫理について、一歩退《ひ》いたところ、メタ的な観点から考えるということで、学問的にはメタ倫理学と呼ばれています）。この立場のポイントは、私たち自身の日常の振る舞いや言葉遣い、考え方やものの見方などを題材にしながら、倫理に関して「それってどういうことなの」と、ひたすら自分自身の頭で論理的に突き詰めて考えていくことにあります。

したがって、本書も基本的には、大上段から何かを偉そうに説教するとか、大哲学者のありがたい名言を書き連ねるといった類いのものではありません。また、最新の機器を使った実験の結果、しかじかのことがわかった、という発見をお伝えするものでもありません（ただし、近年の心理学の実験の成果などは、適宜、紹介しようと思います）。

むしろ、日常生活の中で倫理というものにひっかかりを覚えたときのために、読者の皆さんが自分自身で倫理というものについて、より深く理解し、考えていくための手がかりを示すものと思ってもらえればよいと思います。

●本書の流れ

本書の流れはざっと以下のようになっています。何度か述べてきたように、全体を貫くテーマは、「倫理の問題と私たちはどう向き合えばいいのか」というものです。まず第一章では、「そもそも倫理って何のこと?」ということをスタート地点にして、「倫理の問題って何のこと?」ということを考えます。「倫理が問われています」とか「倫理的側面についてよく考えてみなければならない」などと言われるときに、私たちが直面している問題、倫理の問題とはいったい何なのかを、あらためて考えてみます。ただ、様々な考え方を紹介しますが、残念ながら、この章では決定的な答えは出せず、結論は第五章に持ち越しになります。

第二章と第三章は倫理の問題とは何なのか、ということをより深く考えるために、問題とその「正解」の関係を考えます。普通、問題には正解があるものですし、そもそも正解を求めて、問いというのは立てられるはずです。したがって、問題について考えるためには、同時に、正解について考える必要があります。

しかし、倫理の問題はしばしば「答えがない」問題と言われます。では、倫理の問題に、本当に正解はないのでしょうか。第二章では、倫理の問題には客観的な正解があるという立場と、そのような正解はないという立場について考えてみます。数学の問題なんかと同じように、客観的な正解があるのなら、倫理の問題にも誰にとっても当てはまる正しい答えが存在するということになります。

他方、そのような正解はないのだとすれば、どうなるでしょうか。私たちはいつでも自分の好きなように振る舞っていいということになるのでしょうか。本章では、仮に私たちには正解がわからないとしても、私たちには求められる一定の態度があるという結論を出していきます。

引き続いて、第三章では、倫理の問題と真理というテーマで、そもそも「正解」すなわち真理にこだわるという姿勢について考えます。答えがないかもしれない問題について、私たちはなおも正解にこだわる必要が本当にあるのでしょうか。正解が分からない、ないかもしれないなら、そんな問題にこだわるのはやめて、極力楽しく暮らそうとするのではいけないのでしょうか。それとも、なおも正解を目指して、探求を続けることには何か意味があるのでしょうか。ここでも、正解にこだわるにせよ、こだわらないにせよ、私たちは自らの不完全さというものと向き合う必要があるということを述べていきます。

第四章では、引き続き倫理の問題とは何なのかを考えていきますが、少し角度を変えて、言葉の側面から、倫理の問題について考察します。倫理を巡っては、問題にも答えにも、善悪、義務、正不正、正義、～すべき、～しなければならない、～してはならない、など特有の言葉がたくさん含まれています。

こうした倫理の言葉はいったいどんな意味を持っていて、それらは倫理の問題とどういう関係にあるのでしょうか。「それは倫理的に良いことか」と言うことで、私たちは何を問おうとしていて、「その通り、それは倫理的に良いことだ」と言うことで何を答えようとしているのでしょうか。それらの言葉は「それは楽しい」とか「それは儲かる」とかとどう違っているのでしょうか。これらを通じて、倫理の問題は他の問題よりも大事な問題なのか、といったことも考えていきます。

最後に、第五章では結局のところ倫理とは何のことなのか、ということを、第一章から第四章までの議論を踏まえて、もう一度、腰を据えて考えていきます。「日常」や「かかわりあい」といった言葉がキーワードとなります。こうしたことを考える中で、読者の皆さんが自分自身の倫理の問題との向き合い方を見つけていただければ幸いです。

なお、本書には最終章である第五章の後に「メタ倫理学をもっと勉強したい人へ」という補章が付されています。本文は倫理学を勉強したことのない人に向けて、なるべく専門用語を使わないようにして展開されるので、その分、少し分かりにくかったり、言葉が足りなかったり、これが倫理学の議論とどうつながるのかが不明瞭になってしまったりしている箇所があります。そういった点を補うための章なので、本文を読んで関心が湧いた人はそちらも読んでみてほしいと思います。

特に、本書はあえて、一般的な倫理学のメインルートとは少し違ったところから、倫理の問題を論じており、登場する哲学者たちもあまり聞きなれないであろう人たちばかりです。

ですので、倫理学を勉強したことがある人は、アリストテレスやカントといったビッグネーム、あるいは功利主義や義務論といった言葉がほとんど出てこないことに戸惑うかもしれません。

そのため、そうした王道の倫理学をしっかり学びたいという人は、補章で挙げた参考文献を見てもらって、そちらから読んでみた方がよいかもしれません。本書はむしろ、そうした倫理学者や倫理学理論を直接論じる一歩手前で、そうした倫理学者たちも論じた倫理の問題に向けてどんな態度をとったらよいのか、ということを問うものになっています。王道の倫理学を論じる著作とセットで読むことで、本書からは私たちの身の回りの倫理の問題を問う意義、そしてそれらをより上手に問うていくためのヒントを得てもらえればと思います。

「倫理の問題」とは何か

メタ倫理学から考える

目次

第三章◆倫理の問題と真理

第一章◆倫理の問題って何？

「そもそも倫理って何のこと？」

本書のテーマは、「倫理の問題と私たちはどう向き合えばいいのか」というものです。私たちは日常の様々な場面で、様々な仕方で、この倫理の問題と出会います。ときには面倒な制約として、ときには心強い味方として、倫理は私たちの前に現れ、問いを投げかけてきます。「それは本当にしてもいいことなの？」「それは良いこと、悪いこと？」「あなたが今なすべきことは何？」。こうした問いに直面するたびに、その都度、自分はいったいどうしたらいいのだろうか、と私たちは思い悩むことになります。

現代社会において、倫理が制約になる場面は枚挙にいとまがありません。何か新しいことを始めたいのに、倫理的な懸念があるからと禁止される。逆に、今まで通りにやっていきたいのに、最近では倫理的に認められないから、といって禁止される。

適切な制約である場合もあれば、過剰な制約としか思えない場合もあるでしょう。新薬の開発のためであっても非道な人体実験は禁止されてしかるべきでしょうが、喫煙は悪い習慣だから喫煙の表現を含んだ文学作品はすべて発売禁止にする、というのはやり過ぎの部類に入るでしょう。

倫理が味方になってくれる場面もたくさんあります。喫煙場所の制限は、喘息《ぜんそく》などを抱えた人たちからするととてもありがたいことですし、困難な新薬の開発研究に心血を注ぐ人々を支えているのは、病気の人々を救おうという彼らの倫理的な使命感であるかもしれません。様々なハラスメントの被害者にとって、倫理は、あなたたちは間違っていない、悪いのはそうしたことを行った相手である、とその気持ちを後押しするものとなるはずです。

　こうした場面を通じて、倫理は様々なものと衝突しているように見えます（もちろん、倫理同士も衝突します）。たとえば倫理は、自己利益、政治、経済、科学、芸術などと、よくぶつかります。自己利益一つをとってみても、倫理に従うと損をするように見える場面は多々あります。バスで席を譲ること、お財布を拾うことなど、倫理と自己利益はしばしばぶつかり合います。どれだけ疲れていても、どれだけお金に困っていても、倫理はそんなことお構いなしに席を譲れ、財布は交番に届けよ、と命じてきます。

「ダーティハンドの問題」と言われるケースでは、政治家は倫理的に許されないこと、汚いことをしてでも、自国民を守るような決断をするべきか、と悩みます。あるいは倫理を気にしていたら経済や科学、芸術の発展は見込めない、多少の非倫理的な事柄には目をつぶるべきだ、などという主張もよく聞かれる一方で、逆にそうした利益の大きさがもたらす誘惑に耐え、決して倫理から外れないことこそがもっとも重要なのだ、という人もいます。

　あるいはまったく思いもよらないところで、あなたのそのような振る舞いは非倫理的だ、という誹《そし》りを受けることもあるかもしれません。他人から指摘されることで、自分の普段の何気ない言動が周りの人を傷つけるものだったり、偏った判断に基づくものだったりしたことに気づくことがあります。あなたが着ている洋服や今朝口にした食事は、貧困地域での強制的な児童労働を通じて生産されたものだと指摘されることもあるかもしれません。そうすると、自分では倫理とかかわりあいがないと思っていた場面が、突如として倫理を問われる場面に変わります。これまでの自分の言動や服装、食生活を改めるか。それともそんなことは知ったことではない、と言い張るか。このとき、私たちはこれまでそれと意識してこなかった、自分の中の倫理と向き合うことになります。

さて、ここまで倫理が倫理がと述べてきたものの、あらためて、ここで言われている「倫理」とはいったい何のことなのでしょうか。あるいは、政策や科学技術をめぐって「倫理に配慮せよ」「倫理は大切だ」とは言うものの、いったい何に配慮して何を大切にしたら、倫理に配慮して倫理を大切にしたことになるのでしょうか。もしそれが分からないとしたら、何を求められているのか分からない、そもそも何の話をしているのかよく分からないということになってしまいます。「倫理」とはいったい何のことなのでしょうか。そして、その倫理を問う「倫理の問題」とはどういったものなのでしょうか。それを考えるのが本章の目的です。

本章の問題
・倫理とは何のことなのか
・倫理の問題とはどういった問題のことなのか

1・1　倫理にかかわるもの、かかわらないもの

ここからは、倫理とは何のことなのかを少しずつ具体的に考えていきます。たとえば、次の発言は倫理を問題にする発言でしょうか。

「動物の肉を食べることはやめるべきではないだろうか」

「そのとおり、これは倫理を問題にした発言だ」という人と「そうだろうか」と考えてしまった人、「これだけでは何とも言えない」という人がいたかと思います。では、この発言をした人に、「なぜ肉を食べることはやめるべきなのですか」と聞いてみたときに、その人

が「肉を食べることは健康に悪いから」と答えたとすれば、どうでしょう。多くの人は、これは倫理を問題にする発言ではなかった、と思うかもしれません。つまり、この発言をした人は肉を食べないことを主張しているとしても、別に倫理に配慮し、倫理を大切にしているわけではないように見えるということです。

では、次に挙げたどの理由に基づいていれば、この発言は倫理に基づく発言だとみなせるでしょうか。別の角度から言えば、どの理由から肉食をやめるなら、倫理に配慮したことになるでしょうか。

①肉食は動物に苦痛を与え、その命を奪うから
②肉食は家畜を育てる過程で大量の穀物を消費したり、汚水を垂れ流したり、温暖化ガスを発生させたりすることで環境を破壊し、人間を含めた生物の生活を脅かすから
③肉食は菜食よりもお金がかかるから
④肉食は健康を損なうから

このように並べてみると、①や②を選ぶ人が多いでしょうか。③や④は違う、という人が

多そうです。そうすると、とりあえず、他の人や生き物の気持ちや命などにかかわる発言は、倫理を問題にする発言のようにも見えます。実際、「倫理とは社会での人間関係にかかわるルールのようなものだ」と言う人は少なくないでしょう。確かに、嘘をついてはならないとか、人を傷つけてはいけない、とか、私たちが学校で習うような倫理のルールにはそういったものが多いようにも思えます。

●倫理とは社会のルールのこと？

では「倫理とは社会での人間関係にかかわるルールのようなものだ、終わり」ということでいいでしょうか。確かに、嘘をついてはならないとか、人を傷つけてはいけない、とか、私たちが思い浮かべる倫理のルールにはそういったものが多いようにも思えます。しかし、少し考えてみると、単純に倫理のルールと社会での人間関係にかかわるルールを同一視するわけにはいかないようです。

たとえば、社会にはマナーやエチケット、法律など、普通、それ自体としては倫理とは関係ないと考えられているようなルールがたくさんあります。ナイフは右手に、フォークは左手に持たねばならないとか、公道では自動車は左側を走行しなければならない、などは社会のルールではありますが、倫理のルールと呼ぶのには違和感があります（もちろん、どんなときでもマナーを守るべきかどうか、ということは倫理の問題になり得ますが、それは私たちが「マナーは守らねばならない」という倫理をもっているからであって、マナー自体が倫理であるから、というわけではないでしょう）。

あるいは、こちらの方がより重要な点ですが、必ずしも人間関係にかかわらないような倫理も想像することができます。勇敢であること、節制があること、真理を追究すること、などはいずれも古代ギリシア以来、倫理的に優れたこととされてきました。しかし、これらは必ずしも他の人との関係を律するルールとは言えないでしょう。孤島にたった一人で住む人についても、倫理をもった人と、倫理を気にしていない人を想像することはできるかもしれません。

倫理の問題は生き方の問題などと言われることもありますが、私たちは生きていく上で他人とかかわらざるを得ません。そして、お互いの利益にかかわることについては好き勝手にはできないことから、倫理の問題は他人との人間関係において発生することが多くなります。そのために倫理のルールは社会のルールとしばしば重なります。しかし、よくよく考えてみるなら、必ずしもそれには限定されないように見えるのです。

1・2　倫理学者たちの見解

では結局、倫理とは何のことなのでしょうか。

これまで、倫理学の研究者たちは様々な答えを提案してきました。たとえば18世紀のドイツの哲学者イマニュエル・カントは自らの理性がもたらす無条件の判断に自律的に従うことに道徳性を見出しました。[5] あるいは功利主義で知られるイギリスのジェレミー・ベンサムやジョン・スチュアート・ミルは私たちが幸福になるために役立つ技法（の一つ）として倫理というものを理解していました。[6] 特にミルは、私たちが幸福になるために取り入れるべきもののうちで、それに従わないことに処罰を与えてもいいと思われるようなものが、倫理であると主張しました。

　こうした過去の偉大な哲学者の残した古典のうちに倫理を探る試みはこれまでも多くなされているので、本書ではもう少し新しい時代に目を移し、20世紀半ばに英国オックスフォー

5　カント『道徳形而上学の基礎づけ』『実践理性批判』など。
6　ベンサム *An Introduction to the Principles of Morals and Legislation*、ミル『論理学大系』『功利主義論集』など。

ド大学の研究者たちの間で交わされた議論に注目してみたいと思います。

　この時代は、第二次世界大戦の戦中戦後の混乱を経て、新たな時代を導く倫理学の構想が求められる時代でした。そんな中で、研究者たちは、これまでの倫理学史の議論を踏まえつつ、あらためて、倫理とは何なのかについての徹底的な探究を行い、結果として、そこからは様々な示唆に富む研究成果が示されました。

　実際、現代の倫理学の枠組みはそこでの議論を直接の土台にしてできあがっているところが少なくありません。したがって、それらを押さえておくことで、現代の倫理が指しているものの中身を十分に考えることができるようになるというわけです。

　予め結論を述べておくと、倫理とは何なのかを巡って、以下では次のような四つの見解が提示されます。

・**重要性基準**：私たちの生にとって重要で深刻なものを示すものが倫理・道徳。重要なものを保護し維持することが倫理的に優れたことであり、その逆が倫理的に劣ったことである。

- **理想像基準**：私たちにとっての理想像を示すものが倫理・道徳。理想に近づくことが倫理的に優れたことであり、その逆が倫理的に劣ったことである。
- **行為基準**：意図に基づいた振る舞いを示すものが倫理・道徳。良い意図に基づく行為が倫理的に優れたことであり、その逆が倫理的に劣ったことである。
- **見方基準**：倫理・道徳とは世界の見方そのもの。世界の良い見方が優れた倫理であり、その逆が劣った倫理である。

現代倫理学では、これらのうちのどれかで倫理のことを捉えていることが多いように思います。どれが自分の考えに近いか、どれが説得力をもつか、皆さんも考えながら読んでもらえればと思います。

なお、ここで注意点が二つあります。第一に、ここからは話の中心がいったん「倫理」(ethics)から「道徳」(moral)になります。倫理と道徳はどのような関係にあるのかというのは、論者によって理解が違っていて、なかなか複雑な問題です。ですが、さしあたっては同じものを意味していると考えてください。両者の相違が問題になる場面では、それをあらためて説明しようと思います。[7]

第二に、以下で「倫理的」とか「道徳的」と言うときには、もっぱら「倫理に関係している」や「道徳に関係している」だけを意味すると思ってください。私たちは日常的には「倫理面において優れている」という意味で倫理的という言葉を使うことがあります。「あの人はとても倫理的な人で、決して嘘などつかない」とか「人に親切にするなど、倫理的な振る舞いを心がけなさい」というときがそうです。

しかし、本章ではもっぱら「倫理とは何か」を探究していくので、「倫理にかかわっている判断」「倫理にかかわっている理由」「倫理にかかわっている行為」を意味するものとして、「倫理的判断」「倫理的理由」とか「倫理的行為」といった言葉を使っていきます。

1・2・1　深刻で重要なものとしての倫理

では、あらためて、ある発言や問題、理由などを「倫理的」「道徳的」にする要素とはいったい何だと考えられるでしょうか。最初の候補は、「深刻さ」「重要性」というものです。ピンとこない人が多いかもしれませんが、大雑把に言えばこういうことです。私たちには、それが損なわれると、自分の人生が損なわれたと感じるような深刻なものがいくつかあります。

　今日、人権として扱われている一群の権利のなかでも、生存権などの基本権という形で保護されている権利はその最たるものです。生命を脅かされたり、教育を受ける権利を奪われたりすると、私たちは自分自身で自分の人生を生きているとは言えなくなってしまいます。

　しかしそれ以外にも芸術、学問、家族、趣味など、様々なものが、それぞれの人を支えています。これらを求める権利も現代では人権として保護されているものではありますが、それぞれ人によって向ける態度が違っています。ある人にとっては、音楽の活動にかかわるものが何よりも深刻で重要かもしれませんが、別の人にとっては家族との時間こそもっとも重要なものかもしれません。

　そして、これらをまとめたものをその人にとっての倫理的なものと考えるというのが、第一の候補、深刻なもの、重要なものとしての倫理の理解です。すなわち、その人にとってもっとも深刻で、譲れないような何かが、その人にとっての倫理の基礎にあるものです。

7　たとえば品川は、日本語の道徳と倫理にはもともと区別はないけれどもと断りつつ、世間のきまりを遵守する生き方を道徳的生き方、矜持ある生き方を倫理的と呼び分けています（『倫理学入門』2〜3頁）。こうした規則や義務と道徳を結びつけ、個人的な善と倫理を結びつけることで両者を対置する考えについては、主に4・4・2節で取り上げます。

それは生命や自尊心、人間関係、文化的生活など誰にでも当てはまりそうなものを中心にしつつも、人それぞれの個性に合わせた幅をもったものと考えられます。そして典型的には、それら深刻で重要なもののどれかが脅かされそうなとき、「それは本当に倫理的に許されるものか」という倫理の問題が立ち上がります。

> **重要性基準**：私たちの生にとって重要で深刻なものを示すものが倫理・道徳。重要なものを保護し維持することが倫理的に優れたことであり、その逆が倫理的に劣ったことである。

さて、こうした側面から倫理とは何かという問題を考えた倫理学者の一人に、１９２０年生まれのイギリスの哲学者、フィリッパ・フット（１９２０‐２０１０）がいます。オックスフォード大学で教鞭をとり、哲学や倫理学において多大な功績を残した研究者です。数年前にマイケル・サンデル教授の白熱教室以来、すっかり有名になってしまった「トロリー問題（トロッコ問題）」を案出した人物でもあります。[8]

フットは *The Philosopher's Defence of Morality* (1952) という論文において、次のように述べました。ある判断が道徳的であるためには、まず、その判断が自分の制御できる範囲の事柄についてのものでなければならない。つまり、私たちにはどうしようもないことではなく、私たちが自分の意志で変えることができるようなものにかかわるのが、道徳判断である、ということです。

たとえば、「今日はよい天気だ、毎日こんな天気であるべきだね」などという場合、いくら「よい」とか「べき」とかの語を使っていたとしても、天気は私たちの能力のうちにあるものごとではないので、これは道徳的な発言ではないということになります。「人に親切にするのは良いことだ。毎日、人に親切にするべきだね」などのように、道徳的な語は少なくとも、私たちの制御できることである必要があります。

8　トロリー問題とは、暴走する路面電車の先に、五人の作業者がいるが、今あなたが目の前のスイッチを切り替えれば、一人の作業者しかいない線路へと路面電車を路線変更できる。あなたはスイッチを切り替えるべきか。切り替えるにせよ、切り替えないにせよ、その理由は何か、という思考実験です。フット自身のことも含めた優れた解説書としてD．エドモンズ著『太った男を殺しますか？』があります。

次に、その判断は、真剣さと優先権をともなったものでなくてはなりません。つまり、フットに言わせれば、どれだけその問題が真剣なものか、どれだけ優先されねばならないような問題か、ということが、ある判断が道徳判断であるかの判定基準になります。

その意味では、その判断の中に何が含まれているかということ自体は、予め決められたものにはなりません。人によって真剣な問題というのは違います。私にとっては真剣な道徳の問題なのに、彼らにとってはそうではない。あるいはその逆で、私にとっては道徳の問題ではないけれど、彼らにとってはそうなのだ。こうしたことは現実にあり得るように思えます。

ここがずれていると、一方が道徳的に不当な扱いを受けたと感じ、真剣に傷ついたり、憤慨したりしたときに、他方からは「え、なんでそんなに悲しんでいるの？」「そんなに怒るほどのこと？」とか、「放っておけばいい、言わせておけばいい話じゃない？」などという反応しか得られず、両者の間に深い溝が生じることになってしまいます。

もちろん、どんなものが深刻で重要なものになり得るか、については、限界があると考えることもできます。入院している親友をお見舞いに行くことよりも、窓際のパセリの鉢に水をやることの方が重要だと考える人は、何が本当に重要であるかを見失っている、とも考えられます。基本的には、重要で真剣なものというのは、まずは本人が決めることだと考えられますが、全部が全部そうだとは言い切れません。

実際、様々なハラスメントや差別の文脈などでは特に、この問題が生じることが多くなります。性的な事柄や人種にかかわる事柄などでは、ある発言について、特に権力を持った側、マジョリティの側の人から、自分はまったく気にならないし、実際に自分がそういった発言をされてもまったく構わないし、何をそんなに過剰に騒いでいるのか分からないという発言がしばしばなされます。

しかし、被害にあった側からすると、それは自分のアイデンティティにかかわる重要な事柄であり、それを軽々《けいけい》に扱われたり、侮蔑的に扱われたりすることは、とても耐えがたいことになります。このとき、マジョリティの側は本当に大事なものを見落としている、ということがあるのです。

先の「動物の肉を食べることはやめるべきではないだろうか」という発言は、動物の肉を食べることが私たち人間と動物にとって重要で深刻で、他よりも優先しなければならない何かにかかわっていると考えられるなら、倫理を問題にしているということになります。

たとえば、「①肉食は動物に苦痛を与え、その命を奪うから」などは、私たちにとって重要なものである「命」を論じているので、倫理的な理由と考えられます。とはいえ、動物の命など重要ではない、とるに足らない問題だ、と考える人は、これを倫理の問題とみなさないでしょう。ということで、倫理・道徳の理解の第一の候補は「深刻で重要なもの」です。

1・2・2　人の理想像としての倫理

さて、倫理・道徳の理解の二つ目の候補は、「人としての理想的な在り方を勧めるもの」というものです。簡単に言うと、倫理や道徳というのは、私たちが人としてどう生きていくか、についてのガイドとなるようなものだという考え方です。

第一の候補が自分の内側にあるものだったのに対し、こちらはむしろ現在の自分よりも明日の自分、将来の自分にかかわるものとなっています。すなわち、より良い自己を目指し、それに到達するための助言を示してくれるものが、倫理や道徳というわけです。

こうした考えは、古代ギリシアの時代から「有徳な人」という仕方で描きだされることが多かったように思います。彼らはそれぞれに徳を持った人、すなわち様々な面で卓越した人間の像を思い浮かべ、そうした人を参考にして幸福に至る道を探究するよう説きました。人々は自分たちの行くべき道に迷ったときに、倫理の問いを立て、「人はいかに生きるべきか」を問うてきました（こうした考え方は、人間性の完成を目指すというもので、完成主義と言われることもあります）。

> **理想像基準**：私たちにとっての理想像を示すものが倫理・道徳。理想に近づくことが倫理的に優れたことであり、その逆が倫理的に劣ったことである。

さて、再び時代は20世紀半ばのオックスフォードです。そこにはフットを含めて多くの優れた哲学者、倫理学者がいましたが、フットの一つ歳上にリチャード・マーヴィン・ヘア（１９１９-２００２）という人物がいました。20世紀後半の英米圏の倫理学にもっとも大きな影響を与えた人物の一人とも言われる哲学者です。第二次世界大戦に従軍して、各地を転戦、最後は日本軍の捕虜となったという経験もあり、生涯、個人の自由と理性的な自律についての研究を行いました。フットとは何度も激しい論争を繰り広げており、二人の論文にはしばしば相手に対する厳しい批判が書かれています。

ヘアは主著『道徳の言語』（１９５２）の中で、フットが述べたような道徳観を批判しています。とはいえ、ヘアもまず、確かに道徳はたいてい私たちにとって重要で深刻なものであることを認めます。特に道徳についての意見が衝突したときに、これは各人の趣味みたいなものだから、これ以上、言い争いをするのはやめて、あとは人それぞれということにしよう、などと言えるものではない、と述べています。重要なものだからこそ、私たちはしっかりと議論して、これからどうしていくべきかを決めていく必要があるというわけです。

しかし、ヘアは次のように続けます。「たいていの道徳的選択はこういうものであるけれども、この種の状況は道徳に固有のものではないことも指摘しておかねばならない。……台所を共有する家族はその使い方について合意しないまま認めて争わないでおくことはできない」（『道徳の言語』188頁）。

ヘアがここで指摘しているのは、フットの言うように中身を度外視して、重要性だけで、ある問題が道徳の問題かどうかを判定するのなら、普通は道徳の問題ではないと考えられている事柄まで、道徳の問題になってしまうだろう、ということです。実際、家庭のキッチンにおける包丁や鍋、フライパンの配置は、極めて深刻な問題を引き起こし得ますが、これは道徳の問題というにはやはり語弊があるようにも感じます。

では、ヘア自身は道徳の問題とそれ以外の問題をどのように区別したのでしょうか。それを考えるためには、私たちはなぜ日常の中で「良い」「正しい」「〜してはならない」などと述べるのかを考える必要があります。たとえば、私たちはどうして友人に「この前行ったレストラン、すごく良かったよ」「あのメーカーの化粧品を買ってはならない」などと言うのでしょうか。

ヘアによれば、それは「勧めや助言を行う」ためです（本当に「勧め」や「助言」だろうか、ということは、本書第四章のメインテーマになっています）。皮肉や一般論を述べている場面などを除けば、何かが良いとか、何かが正しいとか、言う場合、私たちは基本的にはその対象を勧めていることがほとんどです。

たとえば、「こちらの方が良いボールペンだ」「こちらが正しい計算方法だよ」「こちらの道は危ないから進んではならない」などと判断する場合を考えてみれば、それは明らかでしょう。「あのレストラン、良かったよ」と判断する場合には、機会があれば行ってみることをお勧めしており、場合によっては、一緒に行こうというお誘いですらあるかもしれません。

しかし、これらはあくまで「良い」や「正しい」といった言葉全般の用法です。「正しい計算方法」や「良いレストラン」で言われているのはおそらく道徳的な意味での「良さ」ではないでしょう。そこでヘアは、こう付け加えます。確かに、勧めという要素だけでは、打算的な判断など、その他の判断から道徳的な判断を区別することはできない。しかし、道徳判断には、別の要素がある。それは、どんな文脈で何を勧めるか、ということだ。そして道徳の場合には「なろうとしている人」を勧めるのだ、とヘアは述べます。

たとえば「多少疲れているときでも、道に迷っている人を助けてあげることは良いことだ」という場合、私たちはそのように案内をしてあげるような人になることを勧めています。あるいは道徳的な意味で誰かに「嘘をついてはならない」というとき、私たちは嘘をつくような人にならないことを勧めています。勧めの要素は、ボールペンについての判断のように、道徳以外の判断にも含まれるので、道徳の特徴はまさにこの「人としての理想的な在り方」を示すことにあるということになります。

では、理想像基準では、肉食の話はどうなるでしょうか。基本的には、「理想的な人は動物の肉を食べない」ということから「肉を食べることはやめるべきだ」と言われているのなら、それは倫理的な発言であり、そうでないなら倫理とは関係がない発言だ、ということになりそうです。

この立場ではたとえば、「①肉食は動物に苦痛を与え、その命を奪うから」に関して、「動物の命を奪う人は理想的な人ではない」はもちろんのこと、「④肉食は健康を損なうから」も、もし、「あえて不健康になるような人も理想的な人ではない」という観点から言われていれば、倫理的な理由だということになるかもしれません。

というわけで、倫理・道徳の理解の二つ目の候補は、「人の理想像を勧めるもの」です。簡単にまとめておくと、フットはある事柄が道徳の事柄であるかどうかは、それが本人の力のおよぶ範囲にあり、かつ深刻で重大であるかどうかによって決まると述べました。それに対し、ヘアは深刻で重大だからといって道徳の事柄とは限らないと言ってフットの考えを批判し、むしろその中身として人としての理想を示すものが道徳であると主張しました。

さて、どちらの考え方の方が、説得力があると言えるでしょうか。それを考える前に、フットがヘアの批判に対してどう応じたかを見てみたいと思います。それによって、重要性基準、理想像基準それぞれはより洗練されていくことになります。

●フットの反論

フットはいくつかの論文を通して、ヘアに対する反論を行っていきます。たとえば、*When Is a Principle A Moral Principle* (1954) という論文では、「決して道路の縁石を踏み越えてはならない」と考えている人を想像してみよ、と彼女は述べています。[9] その人はこの自分の原則に誠実に従い、他の人々にも同じようにさせようと試み、もし失敗したなら自分は責められるべきだと考えている。では、この「決して道路の縁石を踏み越えてはならない」は道徳的な主張だと考えられるだろうか。そんなことはない、とフットは主張します。

別の論文では「一時間に三度拍手をする」という原則に忠実に従って、それこそが人としての理想の在り方だと考え、他の人にも勧めるという人物を案出して、同じように、これも道徳の事例とは考えられない、とフットは論じています。これらの例を通じて、フットは道徳以外でも人の在り方を勧めるものはいくらでもあり得るでしょう、という、ある意味で自分がされたのと同じような形の反論を、ヘアに対してやり返したわけです。

特に、フットは道徳が話者による勧めの要素を含むということに強く反対します。フットの考えでは、何かを勧めたり勧めなかったりするのは、結局のところ人の側の都合です。私があるレストランを勧めるかどうかは、私が料理を気に入ったかどうかによって決まります。しかし、倫理の事柄は人の都合で勝手に決められるようなものではない、とフットは考えます。人に親切にすることは、私の都合とは関係なく、なすべきことです。したがって、フットは、道徳的な「良い」も含めてすべての「良い」は典型的に勧めを含むとしたヘアとは正反対の発想に立ちます。

実際、根っからの悪人やフリーライダー、サイコパスと言われるような人々は、およそ道徳が指し示すものに関心をもたないわけですが、その際、彼らは善悪の意味を知らないのか、「良い」という言葉を使うことができないのか、と言われれば、そういうわけではないように見えます。彼らも「人に親切にする、そりゃ良いことだ」というふうに、道徳判断を下すことはできるでしょう。

しかし同時に、そのように口にしながらも彼らは平気で人を傷つけることができるでしょう。彼らは道徳の意味を完全に理解しており、しかも道徳を勧めとは違う仕方で捉えているのです。そうした人々の存在を考えるなら、道徳とは勧めであるとは必ずしも言えないかもしれません。

9　『決して縁石を踏むべきではない』を考えてみよう。その人はこの自分の原則に誠実に従い、他の人々にも同じようにさせようと試み、もし失敗したなら自分は責められるべきだと考えている。このことは、この原則を道徳原則とするには十分ではない」（104 - 105頁）

●フットの立場の深化「人間にとって良いこと、害あること」

さて、もう一度、縁石の話に戻りましょう。ここでフットの立場に一つ疑問が生じます。すなわち、フット自身は深刻さという基準で道徳を捉えていたのではなかったのか、という点です。実際、深刻さの基準だけで言うなら、縁石を踏み越えないことも、拍手をすることも、道徳になり得るように見えます。

この点について、実際、フットの立場は少し、変化しているようです。すなわち、彼女は以前の立場のように中身を問わないという立場をやめ、特定の文脈を背景に持つ場合にのみ事柄は道徳の問題になるという立場に、自分の主張を改めました。その文脈というのは「人間にとって良いこと、害あること」というものです。ここでの人間とは個人というよりは、どちらかと言えば、生き物としての、種としての人間を指します。

たとえば、人間には水や食料が必要ですし、それ以外に衣服や住居も必要でしょう。理性的で社会的な存在である人間が十全に生きていくことに資するものが道徳的な善であり、それを阻害するものが道徳的な悪です。衣食住に加えて、健康や共同体、健全な自尊心などは良いものであるでしょうし、飢餓や孤立、過剰な卑下などは害あるもので、悪いものということになります。

したがって、後年のフットはある事柄が道徳的かどうかの判定に際してその中身は問われないという立場から、「人間にとって良いこと、害あること」という特定の文脈にそった中身を持っているかどうかによって、道徳性の判定をするという立場に移行していきました。[10]そしてこの良いことと害あることは、この地球という環境で生活を営む生き物としての人間の在り方によって決まります。

とはいえ、その良いことが奪われたり、害あることが押しつけられたりしそうなときにこそ、倫理の問題が立ち上がるという根本的なところは、初期の立場と一緒です。むしろ、私たちにとって深刻で重要なものはどうやって決まるのか、というところに生物としての生き物という要素を置くことで、重要性基準をより洗練されたものにしたと言えるかもしれません。

したがって、あらためて重要性説とは、倫理や道徳とは、基本的に人にとって大事なものを守るためのものであり、倫理や道徳の問題とは、どうすれば私たちにとって良いことを得

10　この点は晩年の著作である『人間にとって善とは何か』で特に論じられますが、そこでは道徳的かどうかとは関係なく、ただ良き生が目指されます。

て、害あることを避けていけるかを問うものだと言えるでしょう。

●ヘアの立場の変化「優越性」

他方で、ヘアの方の立場も少しずつ変わってきます。彼は二冊目の著作『自由と理性』（１９６３）において、道徳が勧めの力をもつという主張は維持しつつも、道徳の原則と他の原則の違いは、前者が後者に対する「優越性」（overridingness）を備えていることにあるという主張を新たに行います。ヘアはここで道徳原則を「たとえその原則が美的な原則やエチケットの原則のような従属的な原則の破棄を含んでいるとしても、自分の生活を導くために最終的に受け入れるような原則である」（『自由と理性』238頁）と説明します。

ヘアの考えでは、私たちは生きていくなかで、特定の原則や理由を自分にとって重要なものとみなします。たとえ他の原則とぶつかったとしても、基本的には曲げられることはなく、それに従って様々な判断や行為をなす、そういった原則がある、それがあなたにとっての道徳原則である、とヘアは述べるわけです。

このとき、内容については、以前と同じ「人の理想的な在り方」に加えて、「各人の利益にかかわる」というものをヘアは追加します。しかし、重要な点は、どちらかというと、それらよりもやはり、優越性の方にあったようです。ヘアは残虐の限りを尽くしたヘリオガバルス帝やナチ党員が持つ原則を例に挙げていますが、こうしたものは彼ら自身が自分にとって優越的な指針であるとみなしている限りで、他の原則とは別格の道徳原則であるとされます。そのため、ナチ党員らが奉じていた差別的な原則も、彼らにとっては正しい道徳原則です（そして、もちろん、私たちにとっては誤った道徳原則となります）。

　とはいえ、このことはヘアが理想像基準を捨てて、重要性基準をとったということを必ずしも意味しません。というのも、優越的な原則というのは、あくまでこの私が優越的なものとして扱う原則だからです。それは他の自分を動かす諸原則よりも一段上にあって、私がそうありたいという理想とつながるものだと捉えることができます。

　フットが常に自分たちにとって大事なこと・良いことを守り、害あることを避けるというモデルで倫理を考えていたのと同様に、ヘアもまた、一貫して、どのような仕方で自分の人生を導いていくか、どのような人間になっていくか、ということこそ倫理・道徳の問題であると考えていました。ヘアのような理想像基準をとる人にとって、倫理とは生き方を示すものであり、それゆえに倫理の問題とは、これからの自分をどう変えていくか、という問題なのです。

1・2・3　倫理の二つの方向性：フットとヘアの考えから分かったこと

以上、フットとヘアの議論が示したのは、道徳や倫理の理解には大きく分けて二通りのものがあり得る、ということです。一つは、重要で深刻なものを示すもの。もう一つは、人間にとっての理想を示すもの。

では、重要性基準と理想像基準を踏まえると、倫理の問題とはどんな問題だと考えることができるでしょうか。シンプルに考えるなら、「私たちにとって重要なものは何ですか」と聞くのが重要性基準に立った倫理の問題で、「私たちはどんな人になることを目指したらいいですか」と聞くのが理想像基準に立った倫理の問題です。しかし、もう少しだけ丁寧に考えてみましょう。

重要性基準は基本的に、現在の自分たちにとって大切なものにフォーカスします。そのため、重要性説に基づく倫理の問題は、私たちはこのようなものを大切にし、このようなものを重要とするのだ、ということを前提にした上で、それらを守り、促進するためにはどうしたらいいか、ということを問います。

ここでは私たちには何かしら「重要なもの」があって、まずはそれを守るということに重点が置かれています。たとえば、生命や健康、自由や生きがい、幸福などが、重要なものに当たり、それを守るにはどうしたらよいか、といった形です。

他方で、理想像基準はむしろ現在の自分よりも明日の自分、将来の自分にかかわるものとなっています。すなわち、今よりも良い自己を目指し、それに到達するための助言を示してくれるものが倫理というわけです。そこには、人間はどのようなものになるべきで、何を重要なものとしていけばよいか、ということを問うことも含まれています。

こちらには、しばしば、今現在、私たちが「重要なもの」とみなしているものも、本当はそうではないかもしれない、という考えが含まれます。たとえば、これまでは自分の自由を重視して、家族を蔑《ないがし》ろにしてきたけど、これからも本当にそれでいいだろうか、本当に理想的な人間はそういう人間だろうか、といった形です。

こうした二つのタイプといくぶん重なる形で、日本の倫理学者の平《ひら》尾《お》昌宏《まさひろ》は、『ふだんづかいの倫理学』（２０１９）という著作の中で、倫理を守りの倫理、攻めの倫理という二つに区別しています。平尾の考えでは、「悪いことをしてはいけない、もし悪いことをしたら正すぞ（罰するぞ）」という防御的な思考をとるのが守りの倫理です。そして、「倫理とか道徳というのは何か善いことをする、善を目指すものだ」というプラスを増やそうとするのが攻めの倫理です（同書272－273頁）。

社会のなかでの間違いを減らし、害を取り除く、「正義」などは守りの倫理ですが、より善い生き方を自ら定める「自律」などは攻めの倫理に属する、と平尾は述べています。あるいは、生活を取り戻すための倫理が守りの倫理であり、より向上させるための倫理が攻めの倫理ともいえるでしょう。それに即して言えば、フットはどちらかといえば守りの倫理、ヘアは攻めの倫理に近いものを提案していたと言えるかもしれません。[11]

倫理の問題の二つのタイプ

（一）　自分たちにとって大事なものを守るためにはどうしたらいいか
（二）　これから先、自分たちは何を大事だと考え、どのように変わっていけばいいか

したがって、「遺伝子操作は許されない」と「遺伝子操作は倫理的に許されない」の違いは、前者が単純に行為の禁止を告げているのに対し、後者はそれに加えて、（一）遺伝子操作の許容は私たちの大事なものを侵害する、（二）遺伝子操作の許容は人の理想の在り方か

ら遠ざかる、ということをも告げている、と考えられるかもしれません。

まとめておくと、これまでのところ、倫理の理解には、重要性基準と理想像基準があります。第一の理解では、現在のあなたが重要と思っているものが倫理であり、それを守ることが倫理的に生きるということです。第二の理解では、将来のあなたの理想が倫理であり、それへ近づくことが倫理的に生きるということです。そして、倫理的な疑問というのは、それは重要なものを傷つけるのではないかとか、理想から遠ざかるのではないか、ということにかかわるのでした。

一般的には、倫理の問題は大方この二つで説明ができると言えます。[12] また両者は必ずしも完全に独立ではなく、片方が他方の実現に必要な条件だとみなすこともできます。たとえば、理想を目指すことは明日のことを思い浮かべることができる私たちにとって固有の仕方で重

11　他に、倫理を論じる際に、罪の倫理と恥の倫理が対比されることもあります。罪悪感を中心とした倫理は何か重要なものを傷つけてしまったことからの回復という仕方で語られるのに対し、恥を中心とした倫理は恥じるところのない立派な人間という理想を目指すという仕方で語られることがあります。

12　たとえば、平尾は守りの倫理を義務論、攻めの倫理を目的論と関連づけますが、この義務論と目的論の対立という仕方で倫理学理論を理解することは、西洋の倫理学の一般的、教科書的なフレームワークと言うことができます。

要なものであり、それを欠くことは重要なものを欠くことだということもできます。他方、私たちにとって重要なものが守られているような世界は理想の世界であり、それゆえに重要な物事を守れるように努力をすべきだ、ということもできます。

いずれにしても、たいていの人は、それが言葉にできるかどうかはともかく、大事なものをもっています。そして、明日は今日の自分より少しでも良くなれたらいいなと思っています。大事なものは壊れやすく、今日の私は未熟です。私たちはそうした脆弱《ぜいじゃく》で不完全な存在だからこそ、倫理について考えることは大切なのだ、とこの二つの倫理は説いてくるように思います。

さて、ではこの二つの説明で本当に倫理・道徳の理解としては十分でしょうか。一般的にはそうであると言えるかもしれません。しかし、本書ではこれに加えてさらに二つの考え方を示したいと思います。その考え方のヒントは、フットの言葉のなかにあります。

フットは人間性による基準を提示するのと同時に、良い、悪いという言葉ばかりに注目するのではなく、より多角的に道徳を考えることも提案しました。それによれば、正直、誠実、故殺、窃盗、虚飾、裏切り、などという言葉もまた、そこで起きている事柄を、私たちが道徳的な事柄として捉えていることを示しています。たとえば、窃盗について言えば、「ある空間からある物質がある人によって持ち出された」はかなり中立的な捉え方ですが、「ある人がある店舗で窃盗を行った」はこの人に道徳的な悪さを見出しているように見えます。

したがって、ここでは一旦、重要性基準と理想像基準を離れて、こうした「事態の捉え方、記述の仕方、見出し方」という点から道徳を理解する道について、次に見ていきたいと思います。

1・2・4　意図的な振る舞いとしての倫理

これまで本書では、倫理や道徳の問題とは何かを明らかにしていくために、私たちの発言や判断、主張、そして問題が道徳にかかわるものかどうかを判定する基準を考えてきました。そうした基準の三つめの候補は、「行為としての記述を含む」というものです。これは、ある出来事について、それを誰かが意図的になした振る舞い、すなわち行為として記述する判断であるなら、その判断は道徳にかかわる判断だということです。

これまでの二つよりも少しわかりにくいかもしれませんが、基本的には、前項での窃盗の事例を思い出してもらえればよいと思います。起きた出来事は同じでも、通常、「持ち出した」と言うなららしても問題ないこととして、「盗み出した」と言うならしてはならないこととして、私たちは相手の行動を記述しています。

その際、私たちが記述を変える根拠はたいてい、その人の意図がどのようなものであったかにあります。そこに何らかの悪意や不正を見出すなら、私たちはその行動をしてはならないものとして記述します。他方、相手の意図に悪いところを見出せないなら、私たちは問題ないこととして記述するでしょう。

したがって、この考え方は、深刻なものにかかわるとか、理想にかかわるということとは関係なく、私たちの発言が何かを意図的な振る舞いとして記述するものであるなら、行為者本人がその発言を道徳的なものと意識しているかどうかはさておき、その発言はすでに道徳の色を帯びていると主張します。以下、もう少し、詳しく見てみましょう。

行為基準：意図に基づいた振る舞いを示すのが倫理・道徳。良い意図に基づく行為が倫理的に優れたことであり、その逆が倫理的に劣ったことである。

事柄をどのように捉えるか、記述するか、という側面から道徳の問題を考えた倫理学者に、フットの友人であったエリザベス・アンスコム（１９１９‐２００１）がいます。倫理学者でありながら、同時に神学者でもあり、キリスト教の観点から人工妊娠中絶の是非をめぐってフットと激論を交わしたこともあります。

アンスコムのもっとも有名なエピソードは、トルーマン学位授与事件でしょうか。これは彼女も在籍していたオックスフォード大学が、アメリカの元大統領トルーマンに名誉学位を授与するという決定を下そうとしたとき、アンスコムが一人、敢然と反対を表明したものです。彼女に言わせれば、トルーマンは日本への原子爆弾の投下命令を出した人物であり、その意味で無辜《むこ》の人間の大量虐殺を指示した人物です。そのような行いはたとえ、戦争に勝利するためであったとしても、決して正当化され得ません。したがって、トルーマンに名誉を与えるようなことには、決して賛成できない、そう彼女は論じました（もっとも最終的に賛成多数で、学位は授与されました。アンスコムに賛同して学位授与に反対した四人のうち、一人はフットでした）。

アンスコムは哲学、特に行為や意図の分析においても非常に優れた功績を残していますが、倫理学においては *Modern Moral Philosophy* (1958) という論文および、それに続くいくつかの論考のなかで、もう道徳という言葉を使うのはやめよ、と主張したことで特に知られています。[13] それにはいくつか理由があるのですが、なかでも興味深いものに、「道徳的」という言葉は何も付け加えない、という主張があります。

本書の「序章」のなかで、「ヒトの受精卵の遺伝子操作は許されない」と「ヒトの受精卵の遺伝子操作は倫理的に許されない」では何か違いがあるでしょうか、という問いを示しておきました。重要性基準を提案した初期のフットであれば、後者の方が真剣なものである、というでしょうが、アンスコムはそうは考えません。

代わりに、彼女は道徳的というのは「人の行為として」という程度の意味であると述べます。確かに「ヒトの受精卵の遺伝子操作は人の行為として許されない」について、ここでの遺伝子操作は当然、人の行為と目されているでしょうし、そもそも許されたり、許されなかったりするものは普通、人の行為だけですから、字義通りに読めば無駄な部分のように感じられます。

そして「道徳的に」が何も付け加えない以上、すっぱり使うのをやめた方がいい、とアンスコムは考えるのです。したがって、「ヒトの受精卵の遺伝子操作は許されない」と「ヒトの受精卵の遺伝子操作は倫理的に許されない」の間にさしたる違いはありません。むしろ、後者はまどろっこしいので前者で十分です。

この主張は、見方を変えれば、人が意図的になすことはすべて道徳的なものである、というものです。意図的に、という箇所はとても重要です。というのも、アンスコムは意図をともなった身体的動作のことを「行為」と呼んでいるからです。これはフットが、コントロールできる範囲のものしか道徳の問題にはならない、と述べたことと深く関係しています。たとえば私が誰かにぶつかってその結果、相手が怪我をしたという一つの事態をとってみても、怪我をさせてやろうと思ってやった場合と、私自身も後ろから誰かに押されて不可抗力だった場合では、前者だけが道徳的な非難の対象となるでしょう。

そしてそれがゆえに、アンスコムの倫理学理論では、善悪を論じる際には、出来事の記述の仕方というものが重要になってきます。つまり先の出来事は様々な仕方で記述することができます。

13　この論文は、フットがアメリカ旅行に出ているときに、アンスコムが彼女に頼まれて彼女の代わりに行った倫理学の講義の内容がもとになっていると言われています。

①「私は彼を突き飛ばした」
②「私の手が彼にぶつかった」
③「あるタンパク質の塊が、別のタンパク質の塊にしかじかの速度で接触した」

アンスコムによれば、出来事をどのように記述するか、なかでも人の行為として記述するかということが、それを道徳にかかわる出来事とみなすかどうか、ということの分水嶺となります。[14] この場合、そこで起きたことが①と記述するのが適当であるようなものであれば、出来事は道徳的なものとして扱われるでしょうし、②としか記述できないのなら、事故として処理されるでしょう。また、③なら単なる物理現象、ということになるでしょうか。

肉食の事例で言うならば、「肉を食べることはやめるべきだ」というのは、人間の行為についての主張ですから、どんな種類の理由を考慮しての判断であるかは関係なく、当然に道徳的主張だということになります。同時に、道徳的ということは何も付け加えないので、その主張を道徳的主張だと呼んだとしても、道徳的という言葉は人間の行為にかかわっているということしか述べていないので、ことさらにそれを言い立てる必要はないわけですが。以下ではこのアンスコムの立場を、行為基準と呼びましょう。

●道徳の射程の広さ

さて、アンスコムは道徳という言葉の使用中止を提案したわけですが、人の行為というものが自然現象や物理現象とは異なる重要性をもっていることは認めています。だからこそ、人の行為として記述されるかどうかに、彼女もこだわっています。実際、ある出来事は人の行為によるとされることで禁止、非難、刑罰、責任といった他の実践とかかわりあいをもってきます。他人を傷つけるような行為は禁止され、非難され、場合によっては刑罰の対象になるでしょう。

他方、先に見たように、たとえ誰かが傷ついたとしても、事故や物理現象の場合は、それが意図に基づく行為によるものではない以上、基本的には、誰かが非難されることはないということになります（もちろん、意図に基づかない、過失などの場合でも責任を問われるケースはありえますので、実際の事態はもう少し複雑です）。

14　それゆえに、彼女は行為とは何かということに徹底的にこだわり、現代の行為論においても古典とされる重要テキストとして『インテンション』という著作を残しました。

行為と動作の区別と、三つの基準の対応

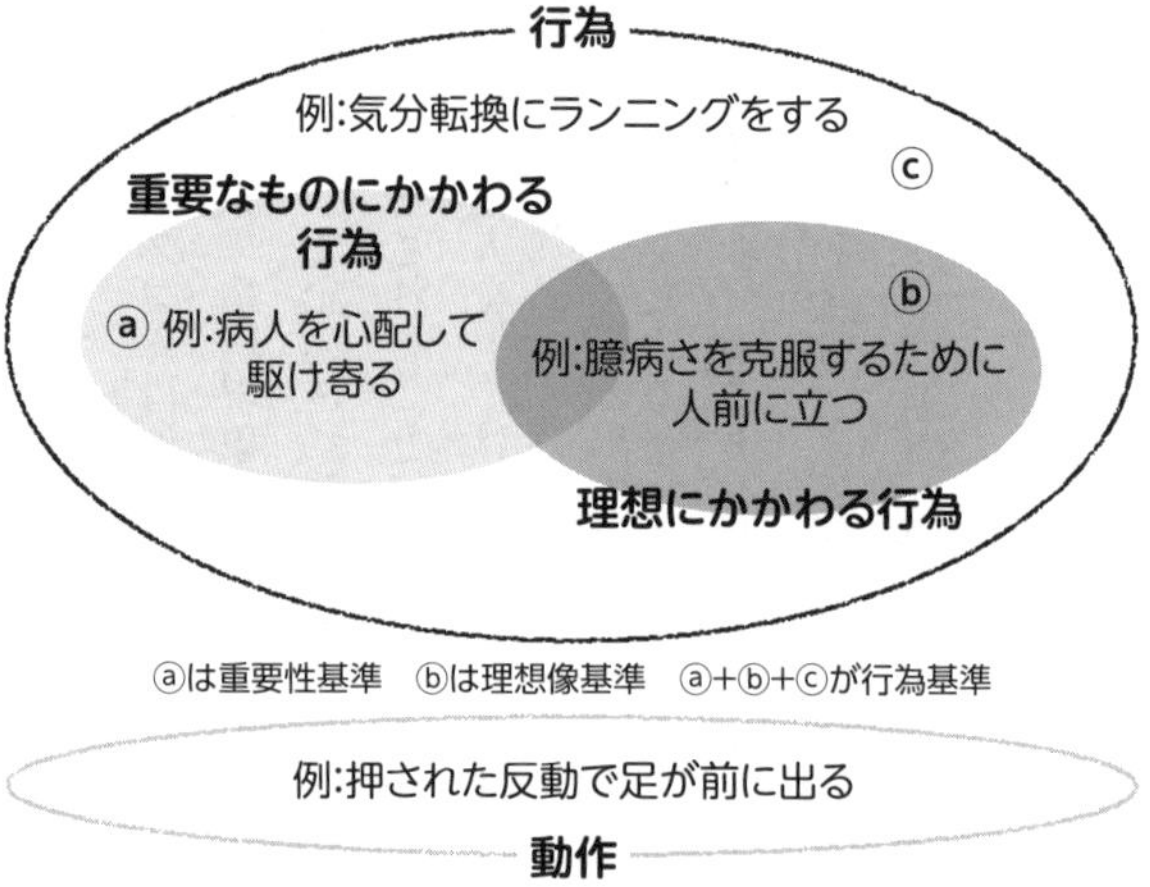

したがって、アンスコムの考える道徳の領域は非常に広いものとなります。理想像基準と重要性基準はいずれも人間の行為のなかに道徳にかかわるものと、そうではないものという領域を設けます。他方で、アンスコムは単なる動作以外のもの、すなわち、何らかの意図に基づく人間の行為として記述されるなら、その時点ですでにそれは道徳の領域に入っているのだと考えます。[15]

行為と動作の区別と道徳の関係を図にすると、上の図のようになります。

もちろん、人間の行為であればなんでも道徳の問題になる、というのには違和感があるかもしれません。猫をなでるとか、タクシーをとめるとか、お皿を買うとか、テレビを見るとか、私たちは日常的に様々な行為をなしています。これらのすべてが道徳的行為と言われても、納得できない人もいるでしょう。

しかし、見方を変えれば、私たちはたいていこうした行為を遂行しても問題のないもの、禁止される必要のないものとみなしています。それは私たちがそれらを道徳のテストをパスするものとみなしている、ということでもあります。その意味では、何をしようか、という行為選択の問いはいつでも倫理の問いです。ある選択肢だけが特別に倫理にかかわっているわけではないのです。ことさらに倫理とか道徳とかいう言葉を使わなくても、私たちは日常生活のなかで常に、倫理的判断を下しながら暮らしている、とも言えるのです。

15　しかしながら、重要なもの、人間性にかかわるものの範囲は、意図的な行為という範囲をはみ出し得るのではないか、と考えた人がいるかもしれません。実はこれは後の哲学者たちが問題視する点の一つです。すなわち、近代以降の西洋倫理学はこの「意図」を重視しすぎてきたのではないか、意図的な行為でなくても、重要なものや人間性にかかわるものにかかわることはあり得るのであって、それは倫理の問題なのではないか、というわけです。たとえば意図せざることだったとしても、運悪く自分の振る舞いが原因となって人が死んでしまったという場合、私たちは倫理的な後悔を抱くのではないでしょうか。この点については、古田徹也『不道徳的倫理学講義：人生にとって運とは何か』（２０１９）を読んでみてください。

●道徳の特別性

アンスコムの発想と対比することで、先のフットとヘアの議論の別の側面が見えてきます。フットにせよ、ヘアにせよ、二人はともに、人間の振る舞いのなかには道徳にかかわるものと、そうではないものがあると考えていました。だからこそ、台所の使い方は道徳問題ではない、縁石を踏み越えていいかどうかは道徳問題ではない、などと言ってお互いを批判していたわけです。

こうした道徳とそれ以外のものの峻別の背後には、道徳というものが何らかの意味で特別であるという発想があります。私たちはたいてい、何の理由もなく、何かの違い、何かの区別にこだわったりはしません。私たちは、しばしば、ＡとＢはしかじかの点で違う、そしてその違いはＡとＢの扱いを変える理由になる、と考えて、ＡとＢを区別します。

たとえば、ただのミルクと一緒くたにするのではなく、あえて牛乳と豆乳の区別にこだわる場合、特に豆乳の方が健康的だという違いに基づいてその区別を強調する場合、どちらかと言えば豆乳を飲んだ方がいい、ということがそこでは意識されているように思います。

同じように、ただの行為として一緒くたにするのではなく、道徳的振る舞いと、それ以外の振る舞いの区別にこだわる場合、そこには前者は後者よりも「特別なもの」であるという意識があるのではないでしょうか（その区別をもたらす違いが、重要性であれ、理想像であれ、です）。前掲の肉食をすべきでない四つの理由を思い出してみましょう。

①肉食は動物に苦痛を与え、その命を奪うから
②肉食は家畜を育てる過程で大量の穀物を消費したり、汚水を垂れ流したり、温暖化ガスを発生させたりすることで環境を破壊し、人間を含めた生物の生活を脅かすから
③肉食は菜食よりもお金がかかるから
④肉食は健康を損なうから

そこでは私たちはなんとなく、①や②を道徳にかかわる理由とみなしがちだ、と述べました。その際、その二つは後の二つよりも、なんとなく特別な理由だとは感じなかったでしょうか。

他方で、アンスコムは行為のなかの道徳的なものとそれ以外という区別を取っ払います。彼女に言わせれば、①〜④を理由として肉食を控えるべきだと主張する人は、それぞれ対応する意図をもって行為すべきだと主張しているのですから、いずれも道徳的に振る舞うこと

を要求しています（＝単に行為することを要求しています）。
たとえば、①を採用する人は動物に苦痛を与えまいという意図から、④を採用する人は健康を損なうまいという意図から、行為すべきだと主張しています。そうすると、その結果として、行為のなかの特別なものとしての道徳も消滅します。行為であればなんでも道徳的であり、それゆえに道徳的であるということは何も付け加えないのですから。

彼女が強調したことは、私たちが考慮しなければならないことはそこに意図があるかどうか、特に理解可能で受け容《い》れ可能な意図があるかどうかであって、道徳について考えるとはこうした意図や理由について考えることなのだ、ということです。特別な意図とそうでない意図があるのではなく、意図や理由というもの全般が、私たちの考慮すべきもの、特別なものなのです。

アンスコムがこのように主張したことの目的の一つには、帰結主義という考え方への批判があります。帰結主義とは、行為の評価は、それがもたらした帰結のみによって行われるべきだとする立場です。この考え方によれば、ちょっとばかり悪いことをしたとしても、それがより大きな善という帰結をもたらすなら、その行為は許容されるということになります。

彼女が論文を発表した当時、こうした帰結主義の考え方が倫理学においては主流を占めていましたが、彼女はそれに対して、大事なことは意図や理由であって帰結ではないと主張しました。不正な意図に基づく行為は悪しきものとしてしか記述することができず、それゆえにそれが結果として良い帰結をもたらすとしても、正しいものと認めることはできないと論じたのです。

この考え方に沿うならば「ヒト受精卵の遺伝子操作は倫理的に許されない」と言うとき、そこで糾弾されているのは、遺伝子操作を行う者が有する意図の不適切さです。人種差別に抗議する人たちも、肌の色や生まれた場所などは人を貶《おとし》めていい理由にはならない、と抗議している、という仕方で理解することができます。

さて、人間の行為を道徳的なものとそうでないものに区別したフットとヘアに比して、アンスコムの道徳理解が広いものであることはこれまで示してきた通りです。しかし、それよりもさらに広い道徳の捉え方があり、実際にそれを主張した人物がいます。最後に、その主張を簡単に見てから、あらためて道徳・倫理とは何なのかを整理したいと思います。

1・2・5　見方としての倫理

倫理や道徳の理解の最後の候補は、「見方」としての道徳という考え方です。この考え方は、世界のなかに倫理があるのではなく、私たちが世界を見るその仕方のことこそ、私たちの倫理なのだ、と主張します。これもまた今まで以上に分かりにくいものなので、まずは簡単に説明をしておきます。

これまで述べてきたような一般的な倫理のモデルは、選択のモデル、もっと言うとショッピングのモデルと言うことができます。たとえば、ティーカップを買いにお店に行ったとしましょう。そこには様々なメーカー製の色とりどりのティーカップが並んでいます。そのなかのどれかは買うと満足度が高い正解の商品です。

私たちは、どうにかしてその正解の商品を買おうとして、いろいろな情報を集めます。このカップは装飾が美しい。こちらのカップは軽くて持ちやすそうだ。値段のわりに作りがしっかりしている。なるべく客観的な視点から商品を眺め、様々な事項を考慮した挙げ句、もっとも価値がありそうなものを、えいやっと購入するわけです。そして実際に高い価値の商品を選ぶことができる人は、目利き、センスがある、として他人からも賞賛されます。

道徳も同じです。目の前にいくつかの行為の選択肢があり、そのうちのどれかがもっとも道徳的に価値のあるもの、すなわち（重要である、理想的である、良い意図に基づくなどの意味で）正解の行為です。様々な事項を考慮した挙げ句、正解の行為を選べたなら、あなたは道徳的に優れた人というわけです。

それに対して、見方の倫理はまったく異なるモデルを提示します。ある日、家の食器棚のなかに一客のティーカップを見つけたとしましょう。どこのメーカーのものかなんてわからない、少し色あせたティーカップです。おそらくは祖父が買ったまましまいこんだものでしょう。あなたは生前の祖父と折り合いが悪かったことなどを思い出して苦々しい気分になります。そして、ティーカップ自体もまた汚い、可愛くない、流行遅れの型をしているといって、不満に思います。

しかし、その忌々《いまいま》しいティーカップを毎日眺めるなかで、少しずつ気持ちが変わってきます。欠けた部分は愛嬌に、色あせた部分は味だと思えてきたのです。そうすると少しずつティーカップの細かな造形にも目が行くようになってきます。確かに少々古臭い形ですが、ユニークとも言えます。素直に眺めてみることで、ティーカップの本来の形に気づくことができるようになったのです。それはさらに、嫌なところばかりではなく、良いところもあった、として祖父の思い出と誠実に向き合う縁《よすが》になるかもしれません。

このとき、あなたはずっと別のカップを使い続けていて、その古いティーカップを使うことはなかったとしましょう。つまり、あなたの選択は何も変わらず、その内面の変化は誰にも知られることがありません。しかし、それでもあなたは確かに成長したと言える、とこの倫理のモデルでは考えます。

ですが、その成長は目利きとしてではありません。客観的に見れば、そのティーカップは依然として、ただの古い汚れたティーカップですし、二束三文でしか売れないでしょう。あなたはティーカップのなかにもともとあった客観的な価値、すなわち正解を発見したのではないのです。そうではなく、ティーカップについてのあなたの内心の見方、ティーカップとの向き合い方が少しだけ変わったのであり、その結果としてティーカップの見え方が変わったのです。そして、そのことこそ正解を選ぶことよりずっと重要なのです。

これを道徳の問題に適用すると次のようになります。これまでの考え方では、倫理や道徳は身の回りのもののなかの正解に存し、それを選び出すことが求められているとされていました。いくつ正解を選ぶことができたか、どれだけ正解ポイントを取得したかによって、あなたは評価されます。

それは重要性基準であれ、理想像基準であれ同様です。重要なものをいくつ選べたか、理想につながるものをいくつ選べたか。それによって倫理的に優れているかどうかは評価されることになるのです。

しかし、見方の倫理というモデルでは、道徳や倫理は選択よりもずっと手前にあります。道徳や倫理とはむしろ、身の回りのひとつひとつのものに向けるまなざしであり、世界の見方そのものです。目の前にあるものを汚いだけのティーカップに見せる倫理と、愛嬌のあるティーカップに見せる倫理があるのです。

そのため、自分のなかの偏見やステレオタイプな見方を離れて、対象を丁寧に見ようとすること、対象と真摯《しんし》に向き合おうとすることが倫理的に重要な前進であり、それは何を選択したか、正解を選ぶことができたかどうかとは関係がないのです。

見方基準：倫理・道徳とは世界の見方そのもの。世界の良い見方が優れた倫理であり、その逆が劣った倫理である。

こうした倫理の捉え方を説いた人物として、ここではアイリス・マードック（1919-1999）の考え方を紹介したいと思います。マードックはヘアと同じ1919年、アイルランドに生まれました。フットの親友であり、特に戦時中はルームメイトとしてともにロンドンで大空襲を耐え抜いた間柄です。フット、ヘア、アンスコムと同時期にオックスフォードで学び、卒業後は同大学で哲学の研究、教育を行う一方、小説を次々と発表し、小説家としても名を成しました。

哲学者としてはプラトンの思想をベースに、シモーヌ・ヴェイユやルートヴィッヒ・ウィトゲンシュタインに強い影響を受けて独自の思想を展開したことで知られており、ユニークで大胆な彼女の倫理学は[16]、後の多くの倫理学者たちに今なお多大な刺激を与え続けています。また、その破天荒で魅力的な生き方、晩年のアルツハイマーとの闘病生活は『アイリス』という題で映画化もされました。

マードックのアイディアが最初に示されたのは、*Vision and Choice in Morality* (1956) という論文においてです。そこで彼女は当時の倫理学の主題が、ジレンマにおいて何を選ぶか、特にどちらの行為を選ぶか、という行為の選択の問題に集中しすぎていることを批判しています。たとえば、ヘアは、道徳とは勧めであるとしていました。これは、何かを選択するときにどちらかを選ぶよう勧めるというものであったと解釈することができます。ヘアほどではないにせよ、フットやアンスコムもこの行為の「選択の倫理」から完全には逃れられていません。トロッコ問題なども二択のうちのどちらを選ぶか、という典型的な選択の問題です。

それに対し、マードックは「見方の倫理」を提唱します。彼女の考えでは、倫理や道徳とは、食器棚のティーカップのように世界の側に存在している何か、私たちが自由に選ぶ何か、とは違っています。むしろ、私たちが世界をどう捉えるか、私たちに世界がどう見えているかという事柄そのものが倫理である、そう彼女は主張します。たとえば彼女は次のように述べています。「道徳的な違いとは、同じ事実を与えられての選択の違いではなく、視え方の違いなのである。……私たちが違うのは違うものを選ぶからではなく、違う世界が視えているからである」（同書41頁）。

したがって、トロリー問題においてレバーを切り替えることと、切り替えないことのような、予め作成された二択のどちらが正解か、ということを考えるのではなく、そもそも自分の巻き込まれているこの状況をどのような状況と見るか、それがどのような状況に見えるかというところが、倫理の発揮されているところです。

16　特にこの「見方」という発想はもともとヴェイユの「注視」の概念から発想を得ていると言われます。

ティーカップの例でいうならば、カップが何らかの客観的価値を備えていて、それらの価値を比較し、どれを選ぶか、ということが道徳的に重要だ、というのは誤りだということです。そうではなく、目の前のティーカップがどんなふうに見えているか、ということの方が、道徳的にははるかに重要なのです。どれを買うかということは、その後についてくることに過ぎません。

別の著作で彼女が「見方の倫理」を説明するにあたって提示した、嫁と姑の事例も見てみましょう。

> 母親Mは息子の嫁Dに敵意を抱いている。MはDが気のいい娘であることは承知しているが、洗練されておらず子供っぽいと思っている。しかし、Mは大変礼儀正しい人物で、Dに対して終始立派に対応し、決して本心を表すようなことをしなかった。
>
> だが、時を経てMは考えを改める。Dは洗練されていないのではなく、すがすがしいのであった、子供っぽいのではなく溌剌としていたのだ。ただし、このとき、Dの振る舞いは一切変わっていないし、Mも引き続き立派に振る舞っている。すべての変化はMの心の中で生じている。
>
> （『善の至高性』26－28頁）

行為の選択の倫理では、Mのようなケースを成長として扱うことはできません。なぜなら、彼女は何も新たな選択をしていないし、新たな行為もしていないからです。Mは最初からDに対して、立派に振る舞い続けているのであり、その振る舞いはいかなる場合でも礼儀正しくあらんとする確固たる意図に基づいています。

選択の倫理ではMという人物は最初から変わらず一貫して、道徳的に非の打ちどころのない人物であり、過去のMと現在のMの間には倫理面での違いはないということになります。外から観察している限り、Mは何も変わっていないのです。前掲の帰結主義の立場をとるならば、Mは徹頭徹尾、正解を選び続けている正しい人と言えるでしょう。

しかし、Mは確かに変わったのだ、とマードックは論じます。「Dをただ正確に見るのみならず、正しく愛情をもって見る」ようになったことで、その振る舞いは何も変わっていなかったとしても、Mは倫理的に優れた方向へと進むことができたというのです。「歪んだ仕方で捉えること」しかできなかった過去の自分から、「正しく愛情をもって捉える」ことができるようになったこと、これが倫理的な成長に他なりません。ここからマードックは、倫理とは世界の見方そのものであると考えます。これまでの言い方にならって、マードックの考え方は見方基準と呼ぶことにしましょう。

●偏在する倫理

このようなマードックの考え方の背後には、私たちは道徳の外側に立って物事を見ることなどできないという発想があります。これまで見てきたように、フットとヘアは行為のなかには道徳的なものとそうでないものがあると考えました。

それに対し、アンスコムは、およそ人間の行為として記述されるものはすべて道徳問題である、より正確に言えば、出来事を人間の行為として記述することが、対象を道徳の問題とみなしているということを示すことになるのだと主張しました。こうした考え方は、これが倫理的な事柄であり、これは倫理的な事柄ではない、ということを倫理の外側、倫理から離れて距離をとった中立の地点から区別することができるということを含意しています。

それに対し、マードックは、行為か出来事かなどということは関係なく、世界をどうやって理解するか、ということ自体が倫理の問題なのだ、と主張します。カメラのレンズを想像してもらえばいいかもしれません。レンズには世界を歪めて見せるものもあれば、正確に見せるものもあり、鮮やかに色を浮き立たせて見せるものもあれば、逆に色を消し去ってしまうものもあります。より歪みが少なく、世界をありのままに見せるレンズが、優れた倫理や道徳であり、私たちはそうしたより優れたレンズを通してこそ、世界を映しとるべきだということです。

たとえば、同僚に対する倫理的に正しい接し方と、誤った接し方が、予めどこかで決められているわけではないのです。そうではなく、そもそも、自分は同僚をどう見ているのか、同僚を妬《ねた》んでその言動一つ一つに、ありもしない悪意を読み取ってしまったり、逆に、過度にそれらを眩《まぶ》しくみてしまったりしていないか。そして、その反動で、不完全なところ欠けたところがあるとみなし、貶めた仕方でそれらの言動を捉えてしまっていないか。そもそも同僚の言動がどういうものに見えているかという地点に倫理はあるのです。

優れた倫理のレンズを身につけていれば、同僚の本当の姿を見ることができ、逆に劣った倫理のレンズを身につけていれば、右のような悪意を見出してしまいます。「倫理は世界に染み渡り、偏在する」とマードックが言うとき、それは私たち自身のものの見方が世界の側に浸透した結果として、倫理は世界に存在する、ということが示唆されています。

ですので、私たちは倫理や道徳を外側から眺めてあれこれと言うことなどできません。それを「眺める」ということ自体が、私たちの倫理の表れなのですから。たとえば、マードックはヘアのように倫理を勧めと理解する立場を批判しますが、それは、ヘアがあたかも倫理を外から眺めてその性質について語っているかのような態度をとるからです。

マードックに言わせれば、倫理を勧めと理解することそれ自体もまた、ヘア自身の倫理のレンズを通じて世界を見た結果です。レンズを通さずに世界を映すことができないのと同じように、倫理から中立の地点から、何かを眺めることはできません。それゆえに、マードックは、事態を自分の都合で歪めることなく、愛をもって正しく見つめることこそ、倫理にとってもっとも重要なことだと考えます。[17]

したがって、倫理の問題とは典型的には、自分の見方についての反省を呼びかけるものです（ここでの「反省」とは、怒られたときにするものではなく、自分自身でよく考えてみることを意味します）。自分のレンズが歪んだものではないか、自分は偏った見方、ひねくれた自分に都合の良い見方をしていないか、を問いかけるものです。

「肉を食べてもいいか」という問いが倫理の問題と言えるのは、その問いを「肉食という行為を私たちは正しく見ているか」という問いと捉える場合です。肉を食べたいという自分の都合のために、動物の命を軽く見積もったり、動物たちが被る苦しみを見ないようにしていたりしないか、ということに向き合うことが、まずもって倫理の問題なのです。

1・3　倫理の理解の違いがもたらすもの

以上で、本書で取り扱う倫理、道徳の理解が出そろいました。私たちが重要で深刻なものとみなすものが倫理であるとする**重要性基準**、私たちの理想像にかかわるものが倫理であるとする**理想像基準**、意図的な振る舞い＝行為の良し悪しにかかわるものが倫理であるとする**行為基準**、世界の見方にかかわるものが倫理であるとする**見方基準**の四つです。表にすると次ページのようになります。

17　この点について、しかし、見方にも良い見方と悪い見方があるのではないか、そしてそれは結局、選択の対象になるのではないか、という批判があるかもしれません。すなわち、私たちは偏見に満ちた見方を避けて、正確な見方をするべきなのだ、と言っているに過ぎないのではないかということです。このことはある程度正しいと言わざるを得ません。

しかし、ある見方から別の見方に移るということは、意図によってえいやっと選択できることではありません。それは日常の積み重ねのなかであるとき気がつけばできるようになっている類いのものです。そのため、「良い見方」というのは必ずしも選択についての主張とは言い切れません。

・**重要性基準**：私たちの生にとって重要で深刻なものを示すものが倫理・道徳。重要なものを保護し維持することが倫理的に優れたことであり、その逆が倫理的に劣ったことである。

・**理想像基準**：私たちにとっての理想像を示すものが倫理・道徳。理想に近づくことが倫理的に優れたことであり、その逆が倫理的に劣ったことである。

・**行為基準**：意図に基づいた振る舞いを示すものが倫理・道徳。良い意図に基づく行為が倫理的に優れたことであり、その逆が倫理的に劣ったことである。

・**見方基準**：倫理・道徳とは世界の見方そのもの。世界の良い見方が優れた倫理であり、その逆が劣った倫理である。

1・2・3節の終わりで述べたように、多くの倫理は重要性基準か理想像基準で説明がつき、それにともなって倫理の問題は重要なものを守る行為か、理想を目指す行為か、という仕方で示すことができます。しかし、より広い観点から見れば、倫理とは行為全般の意図にかかわるものとも言えますし、世界の見方そのものとも言うことができます。

こうした倫理の理解そのものの違いがある一方で、それぞれの基準の内部にもまた、さらに内容に関する立場の違いがあります。たとえば、重要性基準内部にも、何が重要だと考えるかによって、様々な立場があります。私たちにとって重要で深刻なものとは何だと考えられるでしょうか。倫理学のなかでは、幸福、欲求充足、様々なニーズが満たされること、インテグリティ（全一性）、アイデンティティ、などが候補として挙げられています。

また、それらを達成するための方法や達成したと言える条件についても違いがあるでしょう。幸福と言っても、その都度の幸福度で判断するのか、それとも人生全体で判断するのか。重要なのは自分の幸福か、それとも人類全体の幸福か（これらの点は、通常、規範倫理学と言われる倫理学の分野で詳しく論じられています。たとえば、代表的な規範倫理学理論の一つである功利主義は、人間にとって良いものとしての人類全体の幸福をどのようにして増やすか、ということを盛んに論じています）。

●重なる部分と重ならない部分

さて、先に述べたように、これらの理解をどう比較すればいいか、といったことは第五章で扱います。とにかくここで押さえておきたいのは、私たちが倫理の問題だとか、倫理的に許されないとかいうときに、少なくとも、これだけの違いがあり得るということです。

肉食の例に戻って考えるなら、「動物の肉を食べることは倫理的に許されない」という発言において、これがないがしろにできない喫緊で深刻な問題であるということを言おうとしている人もいれば、人としての理想という観点からそれを述べている人、そこに不当な意図や歪んだ見方が反映されていると言おうとしている人もいるということです。

もちろん、これらは重なることもあります。人としての理想に近づくことは、多くの人にとって重要で深刻なことです。ですから、重要性基準も人間性基準もともに、たとえば、幸福を得ることは倫理的に価値があることだと述べます。また意図や見方というものをもつのは典型的には人間ですし、それぞれ未来を志向するものとも捉えられるので、意図や見方を重視することは結局、人間にとっての重要なもの、人間にとって理想的なものを重視することにもつながるかもしれません。

しかしながら、それらは常に重なるわけではありません。人として良くあることに何らの重要性を感じない人もいるでしょう。動物たちが私たちに向けるまなざしや、植物を含めた生命が私たちに訴えかけるもののうちに何かを感じ取る人は、人間にとっての良いこと、害あることだけが倫理的な含みをもつとは考えないでしょう。

道徳に重要性を見出す人は、自分たちが重要でないとみなすような問題については、不当な意図や歪んだ見方がかかわる事柄であっても、それは道徳の問題ではない、と言うかもしれません。動物との関係を軽視してそこに重要性を見出さない人は、動物をどのように扱っても、それは道徳の問題ではない、個人の趣味嗜好の問題だと言うでしょう。

さらには「動物の肉を食べることは倫理的に許されない」と同じように考える人であっても、どんな倫理の理解をしているかによって、ずいぶん違った行動をとる可能性があります。重要性基準をとる人は、倫理的に許されないことをしないことは文字通り重要なので、おそらく肉食を避けるでしょう。

他方、理想像基準をとり、かつ、その理想像に興味がない人、たとえば、動物の苦痛に配慮して肉を食べない人は理想的で優れた人であることは認めるが、私はそんな聖人になろうとは思わない人もいると思います。そのような人は、動物の肉を食べることは倫理的に許されないと言いつつ、場合によっては肉を食べる、ということがあるでしょう。「倫理的に何が許されないか」以前に、「倫理とは何か」の時点で、私たちの理解はこれほど違っている可能性があり、それが行為に影響を与えるということが往々にしてあり得るのです。

より実践的な側面から言うならば、政策決定の場などにおいて言われる「〜について倫理面から考える」「倫理に配慮する」ということも、こうした倫理の理解の違いを考慮しないなら、なかなか実りある成果を生み出しにくいように思われます。丁寧に偏見を排除したとしても、理想像を考慮していないなら、理想像基準で倫理を理解する人からすれば、これからの指針が示されていない点で倫理が配慮されたとは言えません。

さらに、理想像が示されていても、それが真に重要で深刻な仕方で論じられてはいないように見えるなら、重要性基準の人からするとなお、倫理面を考えていない、ということになります。たとえば、現実に現場で命が奪われることを深刻な問題と捉えている人は、理想の在り方に拘泥《こうでい》するよりも、今、この状況でもっとも命を救いうる次善の策を考えるべきだと主張するでしょう。

あるいは学術的に見ても、人間以外の動物は倫理を考慮するかとか、倫理に配慮する人工知能は作ることができるか、といった問題を研究する際には、こうした倫理の理解を確認しておく必要があります。重要性基準で言えば、人間が重要だと思っているもの、たとえば人間の命を守ってくれさえすれば、あるいは外から協調行動や利他的行動を観察できれば、それらがたとえ本能あるいはプログラミングの結果であったとしても、その動物や人工知能は十分に倫理的であり得ます。

他方、行為基準からすれば、命とは何かを理解し、それを守ろうという良い意図をもった上で、命を守る行為をしてくれて初めて、動物も人工知能も倫理的と言えるでしょう。自分が倫理ということで何を考え、何を明らかにしようとしているのか、ということを明確にすることなしには、動物やロボットの倫理性、ひいては人間の倫理的行動を解明する、というのはなかなか難しいことになってしまいます。

●倫理の理解から、倫理の問題の理解へ

では以上の倫理の理解を踏まえて、今度は「倫理の問題」とは何かという点からも、事柄をもう一度整理してみましょう。問題であるからには、当然、何かが問われているはずです。そして同じ倫理にかかわる問題であっても、そこで問われているテーマは様々なものでありえます。たとえば、現在、応用倫理学という学問の領域で扱われているテーマは主要なものだけでも以下のようなものがあります。

（1）生命倫理：出生前診断、人工妊娠中絶、生殖補助医療、代理母、脳死・臓器移植、

終末期医療、インフォームドコンセント、安楽死、看護の倫理、エンハンスメント、遺伝子操作、公衆衛生

（2）環境倫理：環境保護、公害、資源の分配、リスク、世代間倫理、都市設計の倫理、食物倫理、動物倫理（動物実験、食肉、ペット、動物園の問題などを含む）

（3）その他：情報倫理、ロボット倫理、ビジネス倫理、広告倫理、報道倫理、戦争倫理、技術者倫理、専門職倫理、宇宙倫理、スポーツ倫理、差別問題の倫理、教育の倫理、政治の倫理、コミュニケーションの倫理、家族関係の倫理、性の倫理など

こうした様々な論点が、それぞれの専門家とタッグを組む形で、倫理学においては実際に論じられています。たとえば、1・2で倫理学の問題には二つのタイプがあると述べました。自分たちにとって大事なものを守るためにはどうしたらいいか、これから先、自分たちは何を大事だと考え、どのように変わっていけばいいか、という二つです。

これに則って言えば、たとえば、応用倫理学において、出生前診断の倫理的問題を考えるとは、出生前診断という技術を用いることが、私たちにとって重要で深刻なものを侵害する可能性、可能な害の排除の方法などについて考える、あるいは、この技術の利用を認めるに

せよ、制限するにせよ、私たちはどんな世界を思い描き、その可否を通じて、どんな社会を築いていくべきか、どんなふうに自分や周囲を変えていくかを考える、といったことになるでしょうか。どちらを問うのかということは、どのようなスタンス、構えで事柄に臨むのか、という問題にもなってきます。[18]

●問いの強さ

さらに、こうした問いの二つの方向性ともかかわっていますが、その強さのレベルという点でも、倫理の問題には様々なものがあります。

（一）「動物の肉を食べてもいいか」
（二）「動物の肉を食べることは良いことか」
（三）「動物の肉を食べるべきか」

18　奥田太郎『倫理学という構え：応用倫理学原論』では、自分自身の倫理学に挑む構えを構築することの重要性が説かれています。

（四）「動物の肉を食べねばならないか」

これらはいずれも倫理の問いと解釈することができますが、その強さはそれぞれ異なっていて、数字が増えるにつれて強まっていくと考えられます。たとえば（一）に「はい」と答えて、その上で私が肉を食べないとしても、特段、おかしなことはありません。食べてもいいものは、たいてい、食べなくてもよいものだからです。

（二）について「食べることは良いことだ」と答えることは（一）よりも少し推奨する響きがあるように思えます。「動物の肉を食べることは良いことだ」と言っておきながら、実際には肉をまったく食べないなら、何か特別な事情があるのか、それとも私は本当のところでは良いと考えていないのではないか、と思われるかもしれません。

（三）「食べるべきだ」、（四）「食べねばならない」は、それよりもさらに強い命令のようなもの、食べなかったなら非難されるような何かを表しているように聞こえます（なお、これらが厳密に命令に比せられるようなものであるかどうかは、第四章で扱います）。

●記述の仕方

この他にも「動物の肉を食べることは残酷か」「動物の肉を食べることは不正か」などの形で問いを立てることもできます。あるいは行為基準、見方基準から言うならば、「動物の肉」「食べる」という事態の捉え方、記述の仕方がすでに、特定の倫理観を前提にしています。

たとえば古代ローマで肉食に反対したプルタルコス（46-127頃）は「肉食について」というエッセイのなかで、肉のことを「死んだ動物の肉」「屍体《したい》」と呼び、食べることを「体液や漿液《しょうえき》を啜《すす》る」といった表現で言い表しています。[19]「動物の肉を食べてもよいか」と「動物の屍体を口にし、体液を啜ってもよいか」ではずいぶんニュアンスは変わってくるでしょう。

ここまで劇的でなくとも、倫理学者のコーラ・ダイアモンド（１９３７-）はこういう問いを立てるときに、人々はこっそり人間を動物から除外していると指摘しています。[20]そうい

19　プルタルコス「肉食について」より。

20　コーラ・ダイアモンド「肉食と人食」より。ダイアモンドはアメリカの哲学者ですが、オックスフォード大学で哲学の大学院にあたるB.Phil コースを修了しています。ウィトゲンシュタイン研究者として知られていますが、アンスコムやマードックの次の世代の研究者として、彼女たちの倫理学の重要性を強く指摘し続けている人物でもあります。

う人たちにとっては、「動物の肉を食べてもいいか」という問いは、「ただし、人間は動物に含めない」を隠れた前提にしている点で、答えられる以前から人間を特別扱いする見方を含んでいることになるのです。

したがって、倫理の問題を考えるときには、そもそもどんな倫理理解に基づいて、どんな言葉で、どんな内容について、どの強さのレベルで問いを立てる必要があるか、ということも考慮に入れていく必要があります。「食べてもいいか」という強さのレベルでは答えがあるとしても、「食べねばならないか」の強さのレベルでは答えがないということもあり得るのです。

目下、問題となっているのはどんな場面なのか、そのような場面の捉え方はまっとうなものか、というところから、倫理の問題は始まっています。実際に菜食主義の人とそうでない人が、お互いを説得しようとしているのなら、自分や相手はどのような倫理の理解をもっているのか、自分は相手にどの強さのレベルのことを受け容れてほしいと思っているのか、といったことを確かめながらでなければ、なかなか議論を進めていくことは難しいでしょう。

●理由の違い

問いの強さにも深くかかわっていることですが、ライフスタイルや健康上の理由で菜食主義を取っている人と、倫理的な理由で菜食主義を取っている人では、他の人に対する態度は全然違ってきます。個人のライフスタイルとして菜食を選択している人は、それを他人に押しつけることには消極的だと思われます。そうした人々にとっては、野菜を食べるか、肉を食べるかという選択は、朝食にパンを食べるか、お米を食べるかという違いに類するものなのですから。

ですが、倫理的な理由で菜食を採用している人にとっては、そうはいきません。フットやヘアも述べていたように、倫理の問題は、しばしば重要な問題であり、「へえ、君はそうなんだね」で済ませられる問題ではないからです。隣家で子どもがひどく虐待されていることを知れば、「へえ、あなたの家庭ではそうなんだ」などとは言わず、多くの人は通報するはずですし、可能であればやめるように訴えるでしょう。同じように、牛や豚に対して私たちがしていることが虐待であり、倫理的に許されないと感じられれば、それは通報し、やめるよう訴えるべき事柄なのです。

その点が理解されない場合、つまり菜食主義の人は皆、ライフスタイル上の理由から菜食主義を取っているのだろう、と非菜食主義の人が端《はな》から想定してかかる場合、「なぜこの人は自分の個人的なライフスタイルを押しつけてくるんだろう、鬱陶《うっとう》しいな。一人で勝手にすればいいのに」ということになってしまいます。しかし、倫理的な理由から菜食主義を取っている人からすると、それは虐待同様、他者にも禁止を強制してしかるべき問題でありえるのです。

以上のことをまとめると、倫理の問題を明確化するには、具体的には次のようなことを考えるとよいかもしれません。

倫理の問題を明確化するポイント

①問われている倫理はどんな理解に基づいているか：重要性理解、人間性理解、行為理解、見方理解

②具体的にはそれ「重要なもの／人間にとって良いもの／良い行為／良い見方」は何か

③目指しているものは何か：それらの保護／より良い在り方

④どの強さで問われているのか：「～してもいいか」「～することは良いことか」「～す

るべきか」「〜しなければならないか」
⑤使われている言葉、表現は不当に歪められたものになっていないか
⑥発言を封じられているもの、立場を声にできないものはいないか

なお⑥については、ここで初めて登場する要素で、後で解説します。具体的に考えてみると、たとえば以下のようになります。

事例：「ヒト受精卵の遺伝子操作は倫理的に許されるか」という倫理的問題を考える場合

Aさんの考え
①倫理とは、人間にとって良いものを示すものだと思う。
②具体的に、良いものとは幸福のことだと思う。
③人々の幸福をより多くするにはどうしたらいいか、ということを想定している。
④政策として、制限した方がよいかどうかを考えたい。

⑤特に問題はないと思う。
⑥特にいないと思う。
「ヒト受精卵の遺伝子を操作することは、人間にとって良いものである幸福を増やすだろうか。もし、そうではないのなら、制限した方がよいのではないだろうか」

Bさんの考え
①倫理とは、深刻で重要なものを示すものだと思う。
②具体的に、重要なものとは、自分のことは自分で決める自律のことを指すと思う。
③自律を守るにはどうしたらいいかを考えたい。
④政策として、禁止するかどうかを考えたい。
⑤ヒト受精卵という言い方には、対象をただのモノとして扱う見方が含まれているのではないか。
⑥将来、人間になり得た存在の立場が排除されがちであると思う。
「これから人間に育つ胚の遺伝子を操作することは、人間にとって重要なものである自律を脅かしはしないだろうか。もし、そうであるのなら、禁止すべきではないだろうか」

このように考えるなら、Aさんと B さんは、同じ「ヒト受精卵の遺伝子操作は倫理的に許されるか」という倫理の問題を論じるにしても、ずいぶん違った問題を取り上げていたことが分かります。このことが明らかになったなら、二人の間の議論の仕方も変わってくるのではないでしょうか。

●発言を封じられているもの、立場を声にできないものはいないか

さて、まだ説明していなかった⑥についてです。これは以下のようなことから出てきます。現実での倫理の問題が議論される場面は将棋などのように厳密に型が決められて、交互に発言をする、といったものではありません。特に、弱い立場に置かれている人の場合、意見を表明する機会が与えられなかったり、非難の態度を表すことすらできなかったりすることが多々あります。これまで散々ひどい扱いを受けてきたという人の場合、冷静に落ち着いて自分のことを聞き手に分かるように、聞き手に合わせて語ることは非常に困難です。第三章でも取り上げますが、差別が日常的すぎて、自分がひどい扱いを受けていることに自分自身でも気づけていない場合さえあります。

反論の言葉を紡げないような窮地に不当に追い込んでおきながら、反論がないなら問題はないのだ、というわけにはいきません。「倫理的な議論」をするために、まずは綺麗に整理して感情的な表現を排し、論理的に無矛盾な仕方で自分の意見を示せ、ということ自体が、倫理に反する要求となってしまう可能性があることには十分な注意が必要です。

その意味では、ここまで述べてきたことは、相手を説得するときに考えるとか、相手を問いただすために使うというよりも、まずは、自分の考え方を見つめなおすこと、自分のやり方に疑問を感じたり、実際に異議を唱えられたりしたときに、どう応答していくかを前もって考えておくこと、自分の過去の振る舞いや考え方を反省すること、そうしたことのヒントとして考えてもらうのがよいように思います。そうすることで、自分や他者、あるいは社会が直面している「倫理の問題」とはいったい何なのか、何を答えることが求められているのか、ということを確かめるための助けと考えてもらえれば幸いです。

第一章のまとめ

本章の話を簡単にまとめておきましょう。私たちはそれぞれ倫理という言葉を様々な意味で使っていますが、それに無自覚であることがほとんどです。そこで自分自身の倫理の理解を振り返り、自分の行動について考えてみるために、あるいは他者との無用なすれ違いを避けるためにも、倫理の問題について考える前に、倫理の意味について考えてみるというのが、この第一章のメインパートでした。

そこでは**重要性基準**、**理想像基準**、**行為基準**、**見方基準**などが挙げられました。その上で、そもそもどんな倫理理解に基づいて、どんな内容について、どんな言葉で、どのレベルで問いは立てられているのかということを、倫理の問題と真剣に向き合うにあたっては、考える必要があるということが分かりました。

さて、本来であれば、ここで四つの基準のうちどれが正しいのか、ということを論じるべきかもしれませんし、読者の皆さんもその点が気になるかもしれません。しかし、申し訳ないのですが、ここではそうした作業は行えません。それは以下の理由によります。

正直に言うと、筆者自身は見方基準に肩入れしています。しかしだからといって、「見方基準が正しい、残りの三つは間違い、終わり」と思っているわけではありません。むしろ、見方基準をとることで残りの三つの基準のそれぞれに重要な要素が見出せるという非常にややこしい立場をとっています。ここでそれを展開するとあまりにも第一章が長大で頭でっかちになってしまうので、可能な限りかみ砕いた説明を第五章で行うということにしたいと思うのです。

実際のところ、続く二章や三章は、実は密かにそうした考え方の実践になっています。順に読んでいくことで、第五章に到達する頃には、四つの基準の関係も理解しやすくなっているはずです。

いずれにしても、読者の皆さんは現時点では、それぞれに自分自身でどの基準がしっくりくるのかを考え、それを思い浮かべながら、読み進めていってもらえれば大丈夫だと思います。

第二章◆倫理の問題に正解はあるか

「二つの思い込みについて」

J. MACKIE

J. RACHELS

前章では、倫理とは、倫理の問題とは何のことなのか、を考えてきました。そして、私たち（および様々な倫理学理論）は、それぞれに異なる倫理の理解を前提としているがゆえに、倫理の議論においてすれ違いや不首尾を経験しているのかもしれない、ということを述べてきました。

本章以降でも、引き続き倫理の問題とは何なのか、に迫っていきます。これまでは倫理の問題に集中してきましたが、本章と次章では、問題に対する「答え」の方に注目します。倫理や道徳は答えのないもの、としばしばみなされています。しかし、本当にそうなのでしょうか。もしも答えがないのなら、倫理の問題を一生懸命考えることは無意味ではないのでしょうか。逆に、答えがあるのなら、それはどんな性質のものなのでしょうか。

この章ではまず、倫理の問題には客観的な答えがあるかを考えていきます。以下で見ますが、倫理学の世界には、そんなものはないとする立場もあれば、いや、客観的な答えはあるとする立場もあります。しかも、困ったことに、どちらにもある程度の説得力があります。したがって本書でも、なかなか、こうだ、という決定的なことを言うことはできません。

そのため、最終的には、ここでも読者の皆さんに自分自身で考えてもらうことになるのをご容赦ください。代わりに本章で示されるのは、どうして答えがない、または答えがあると思ってしまうのか、それを踏まえて私たちは正解の有無に対してどんな態度をとっていくべきか、ということです。

なお、本章では特に断らない限り、「～すべきか、すべきではないか」（「～は良いか、悪いか」「～は正しいか、不正か」）のレベルで、倫理の問題を考えていきます。

本章の問題

・倫理の問題には客観的な正解はあるか

2・1　倫理の問題と正解の存在

さて、まずは倫理の問題に答えはあるか、という問いにはどのような答えがありそうでしょうか。もっとも素朴に考えられるのは次の二つの可能性です。

（一）倫理の問題に、正解はない

（二）倫理の問題に、正解はある

皆さんは、どちらに賛成でしょうか。しばしば聞かれるのが、（一）の倫理の問題に正解などないという意見です。確かに、倫理の問題は簡単には答えられないものが多いようです。より多くの人を助けるために、少数の人を犠牲にしてもいいかという問題一つをとってみても、答えは人によって分かれるでしょう。しかし、倫理学の世界では、実は（一）はあまり人気がありません。[21] というのも、倫理の問題には、明らかに、答えられるものもあるからです。

たとえば、何の特別な事情もないときに、他人に暴力をふるってもよいか、他人のものを取り上げてもよいか、他人を監禁して自由を奪ってもいいか、他人の命を奪ってもいいか、などの問題は、すべてノーが正解だと言えるのではないでしょうか。あるいは、いわれなく子どもにひどい暴力をふるったりすることは、倫理的に見て明らかに不正解だと言っていいのではないでしょうか。

もちろん特別な事情というのが絡んでくると、途端に事態は複雑になります。たとえば、刑罰という観点から見るなら、先ほど挙げたものはいずれも許容される余地があります。日本では身体刑こそ廃止されていますが、財産刑（罰金などで財産を奪う）、自由刑（懲役などで自由を奪う）、生命刑（死刑によって生命を奪う）が採用されています。どんな事情があればどの程度の刑に相当するのか、特に死刑制度は認められるべきか、ということを決めるのは、非常に難しいことです。

しかし、答えるのが難しいことと、正解がないことは違います。数式が長く複雑になれば計算は難しくなるのと同じで、事情が複雑になればなるほど正解を出すことは難しくなります。計算に入れねばならない事象が増えれば増えるほど、証明の完成は遠のきます。しかし、だからといって、そのために答えがなくなるわけではありません。

多くの倫理学者たちも、同じように考えています。確かに、人々がどれだけ知恵を絞っても、なお答えが分からない問題もたくさんあります。それでも複雑に絡まりあった事情を一本一本、丁寧に選り分けていくことで、少しでも正解に近づくために、倫理の研究は行われています。

21　鈴木貴之編著『実験哲学入門』所収の太田紘史著「道徳の実験哲学2――メタ倫理学」では、倫理学者が道徳を客観主義的に考えがちなのに対し、多くの人々は道徳について相対主義を採用しているという事実が紹介されています。

●「ある」のいくつかの意味

もちろん、それでも納得がいかないという人がいるかもしれません。実際、先ほど言ったことはまったく逆のことを言うように見えるかもしれませんが、正解など存在してない、と考える倫理学者たちも多いのです。いったいどういうことでしょうか。

ポイントは「存在している」というところにあります。たとえば、算数や物理の問題については、正解は最初から決まっています。誰一人、人間がいなくても、リンゴは重力にひかれて落下するでしょうし、2＋3は5だろうと考えることは自然です。[22]その意味で、算数や物理といった形式科学にかかわる問題の正解は最初から存在している、と考えることができます。

他方で、倫理の問題の正答はそうではない、とは考えられないでしょうか。何の理由もなく子どもにいきなり暴力をふるうのが悪いのは、最初からそう決まっていることではない、私たちが私たちのために決めたことなのだ、と。

たとえば、万学の祖と称されるアリストテレスも次のように述べています。『美しいこと』や『正しいこと』には多くの相違やゆらぎがあると思われており、そのためそうした美しいことや正しいことは、ただ単に人々の定めた決まりごとでしかなく、本来は存在しないものだと思われている。『善いこと』にもこうした種類のゆらぎがある」（『ニコマコス倫理学』1094b）。

つまり、数学や物理の法則は、誰かが作ったものではなく、最初からあるもので、世界がどれだけ変わっても、これからもあり続けるものです。その意味で、それらの法則は世界に「存在」しています。他方、倫理のルールは違う、と言われることがあります。それによれば、倫理のルールは誰かが作った決まりごとであり、社会や文化が変われば、いつかは変わってしまうかもしれないものに過ぎません。それは確かに、今の私たちの行動を左右するという意味で「ある」と認められるものかもしれませんが、だからといって物理法則のように「存在する」ものとは違う。倫理の問題には正解が存在するわけではないと考える人々は、そのように主張するのです。

とはいえ、倫理の問題でも正解が「存在しない」からといって、何をしてもいい、とはな

22　ここでは一応、独我論や人間原理のようなものは考えないものとしています。他にも厳密に言えば、数学の真理はアプリオリ（先験的）な真理と言えるかどうかを疑うことは可能ですし、別の公理系をもってくる、別の論理体系を使う、などやりだすと数学のケースでも、答えが予め決まっていると言えるかどうかは微妙になってくるのですが、それらもここでは省きます。

らない、と倫理に正解は「存在しない」と考える人たちも主張します。むしろ、彼らの多くは、正解が存在すると考える人々と同等以上に、倫理の問題について真剣に考えています。というのも、正解が存在するならば、個人は悩むことなく単純にその正解に従えばいいからです。

他方、最初から定まった正解がないとしたら、私たちは自分たち自身で、自分たちの生き方を決めなければいけません。他に頼りにできるものはないのです。予めの正解がどこにもない世界で、どうやって隣人と接し、何を指針とし、何に生きる意味を見出すかについて考え、自分たちなりの答えを作り出すことこそ、倫理学の課題であると、彼らは考えてきました。

こういった問題は倫理の存在論（ontology）と呼ばれていて、そこでは以下のように両者は言い換えられています。ここまで正解が「存在する」と言ってきたものは「実在する」(is real, really exist)、正解が「ある」と言ってきたものは、誰かが作ったもので「構成されたものとして『ある』」。このような区別をした上で、実在論者と反実在論者は激しい論争を繰り広げています。

存在する／実在する正解　↓　不変の法則のような形の正解。変更不可。
ある／構成された正解　↓　誰かが人工的に作った正解。必要に応じて修正可。

●「実在する」と「構成されたものとして『ある』」の区別は大事と言えるか

もちろん、「実在する」と「ある」の区別なんてしゃらくさい、天然ものであれ、人工物であれ、あるものはあるのだから、存在論なんてどうでもいい、と考える人々もいます。確かに、それは一理あります。法学においても、法律とは不変の法を具現化したものだと考える立場と、人々が一から作り上げたものだと考える立場の間の対立がありますが、裁判の場面では何はともあれ国会で定められた法律に則って裁定は下されます。

しかし、倫理の存在論というものが、論じるに足る重要な問題であるとまじめに考える人たちはそうは思っていません。それは法律のように立法の手続きや執行者の権威、違反したときの処分が明確なものと違って、仮に倫理の正解が誰かが作った人工物だとすれば、いったい誰が作ったのか、そしてその誰かが作ったものになぜこの私が従わねばならないのか、従わない人をどう扱えばいいのか、という問題が生じるからです。

物理法則のような、世界の側に時間を通じて不変に存在するものについては、逆らうことはできません。気に入らないから、私は万有引力の法則には従わないよ、というわけにはいきませんし、2＋3を勝手に4にすることもできません。

他方で、誰かが作ったものについては、気に入らない場合、それに従わずに、変更を加えたり、新しいものを作ったりしたって構わないはずです。時代遅れになった洋服は処分して新しい洋服を買うように、昔の人が作った倫理も現代という時代にあっていないなら、作り直した方がいいかもしれません。実際、子どもへの暴力でいうと、教育における体罰は倫理的に許されるかという問題への答えは、時代ごとに少しずつ変わってきました。それは私たちが倫理をアップデートしてきた結果と言えるかもしれません。

しかし、倫理の問題の正解は誰かが作ったものではなく「存在する」のだ、ということにこだわる人々は、そういった考えに納得がいきません。たとえば、体罰の問題についてさらに考えてみましょう。マスコミなどで体罰の話題が取り上げられるたびに、「今の時代にはあっていないんだろうね。ま、私たちの頃は当たり前だったけども」などといった発言をする人たちがいます。

こういう発言をする人は、確かに今現在、体罰を行わないかもしれませんが、心の底では体罰が悪いことだとは思っていない可能性があります。ただ、今の人々はそれらを嫌っているし、私はその人たちに嫌われたくないから体罰もハラスメントも避けるけれども、それでも本心では納得していない、ただ時代が変わっただけ、そんなことを考えているのだなという印象をこうした発言からは受けます。

ところが、もし倫理の問題に正解があり、物理法則などのように不変のものとして存在しているのなら、こうした発言は大間違いです。昔はリンゴが宙に浮いた、なんてことがないように、今も昔も、それこそ永遠不変に体罰は悪いし、悪かったのです。昔の人々は様々な社会状況や教育学、心理学理論、調査手法を持たなかったので、正解にたどりつけなかったのであり、その結果として「体罰は子どもをより良く育てるために必要なものだ」という不正解を誤って正解だと思い込んでいたのです。昔は体罰が正解だった、なんてことはないのです。昔の人は間違っていたのです（もちろん、その間違いに気づくことができるような状況にあったか、ということは、その間違いを犯していた人々の責任の度合いに影響します）。このように考える人たちは、倫理というものは人々が作るものではなく、「存在するもの」だと考える傾向にあります。

さて、では倫理に正解は「存在する」のでしょうか。それとも、正解は私たちが作り出した結果「(構成されたものとして) ある」ものなのでしょうか。以下では、それぞれの立場について、先人の知恵を借りながらもう少しだけ詳しく見てみます。ただ、予め結論を述べておくと、本章の冒頭でも述べたように、この本では結論は出せません。これは現代倫理学の最大の難問の一つなので、それこそ簡単に答えは出せないのです[23]。

むしろ、本書ではその点に結論を出すことは潔く諦めた上で、どうして人々は正解が存在すると思ってしまうのか、あるいはその逆に、存在しないと思ってしまうのか、そちらの説明の方に力を入れたいと思います。そうすることで、私たちが正解は存在すると考えるとき、どんな期待をもち、どんなことを主張しているのか、そしてそれは倫理の問題についてのどんな見方、態度に基づいているのか、ということを探究していきたいと思います。

2・2　倫理の問題に客観的な正解は存在しない？

さて、倫理に正解は「存在する (実在する)」と「(構成されたものとして) ある」の対比だと、少し混乱するので、以下では、誰かが作ったものではなく世界の側で永遠不変に存在している正解を「客観的 (objective) な正解」と呼びます。それに対し、誰かが作って自分たちで従うことにしている正解を「主観的（subjective）な正解」と呼ぶことにしましょう。客観的の方には「対象（客体）の方で」という意味が、主観的の方には「主体の方で」、という意味が込められています。この主体は、私一人かもしれませんし（私が作って私が従っている）、特定の時代、特定の地域の社会の人たちからなる私たち、果ては世界中のすべての人を含む私たちかもしれません（私たちで作って私たちが従っている）[24]。

あらためて、日常を見渡してみると、倫理の問題に客観的な正解なんてないという発言はよく聞かれます。筆者も「倫理学を研究しています」と自己紹介をすると、「そんな答えのないことをやって大変だねえ」と言われることがしばしばあります。授業時のコメントで、「こうした問題には答えがないと思います」と書いてくる学生さんも毎年たくさんいます（この後、「だから面白い」と続ける人と、「だからやっても無駄」と続ける人が分かれるの

23　この点についてもう少し知りたいという場合には、拙著『メタ倫理学入門』や蝶名林亮編著『メタ倫理学の最前線』を参照してもらえればと思います。

24　主体が私一人だけの場合を「主観的」、「私たち」のように複数の場合を「間主観的」と区別する仕方もありますが、本書でのポイントは「倫理は客観的と言えるかどうか」ということの方にあるので、主観的と間主観的はまとめて主観的としておきます。

は興味深いところです）。

現代の倫理学者で、世界中で使用されている倫理学の入門テキストの執筆者としても知られるジェームズ・レイチェルズ（1941-2003）はこのことをめぐって次のように記しています[25]。

> かつて、ある経営学の著名な教授から、彼の勤める大学のカリキュラムに「ビジネス倫理」の科目を加えたい、という申し出を受けたことがある。そうした科目を開講する価値と利益を詳しく述べた熱のこもった書類を受け取った。だが、その最後は「倫理学にははっきりとした答えがありませんので、この科目は合格か不合格かという二者択一だけの評価となる」という言葉で結ばれていた。……一番驚かされたのは、倫理の問題がいかに重要だとはいっても、それには「はっきりした答え」がありえないことは明らかだ、と言わんばかりの、無頓着で無造作な言い方であった。
>
> （『倫理学に答えはあるか』3頁）

レイチェルズ自身は、この後、こうした考え方は倫理学についての誤解に基づいており、実際には倫理の問題には客観的な正解があるのだと主張していきますが、その主張の中身についてはおいおい見ていくことにしましょう。ここでは、しばしば、倫理の問題において、一般的には、客観的な正解など存在しないと考えている人が多い、ということが確認できれば十分です。

●正解であるためには何が必要か

客観的な正解があるかどうかを考えるための予備作業として、一つ考えてみたいことがあります。それは、ある問題に対する応答は、そもそもどんなときに正解になるでしょうか、というものです。

様々な立場がありますが、一つの考え方として、応答が事実に基づいているとき、というものがあります。たとえば、「みおのノートに落書きをした犯人はゆう子か」という問題に対して、「その通り、みおのノートに落書きをした犯人はゆう子である」とする応答が正解

25　１９８６年に初版が発行された『現実をみつめる道徳哲学』は、十数か国で翻訳され、大学などで使用されている定番の教科書です。レイチェルズの死後は息子で同じく哲学者のスチュワート・レイチェルズの手で改訂が重ねられ、２０２０年現在では第九版が発行されています。

であるのは、普通は、実際にゆう子がみおのノートに落書きをしたという事実が存在するときでしょう。そしてもし、そうした対応する事実が存在していなければ、右の答えは不正解となります。

昨今話題になっているフェイクニュース、あるいは災害などのたびに問題となるデマは実際には存在しない事実をあたかも存在するかのようにでっち上げ、拡散するものでした。対応する事実の存在は答えを正しいものとし、事実の不在は答えを誤ったものにするように見えます。フェイクニュースに対抗する手段としてのファクトチェックは、まさにファクト＝事実の存在を確認することです。

ここで倫理の問題でも同じように考えるなら、「みおのノートにゆう子が落書きしたのは悪いことか」という問題に対して、「その通り、みおのノートにゆう子が落書きしたのは悪いことである」が正解になるのは、実際にゆう子がみおのノートに落書きしたのは悪いことであるという事実が存在するときだ、ということになるでしょう。

しかし、問題は、そのような倫理や道徳にかかわる事実が存在するとはどういうことなのか、がよくわからないという点にあります。こうした事実は倫理的事実（ethical fact）、道徳的事実（moral fact）と呼ばれますが、「実際に～は悪いことであるという事実」とはいったい何のことなのでしょうか。

ここでさらなる倫理学上の一つの考え方として、「何かが倫理的に不正である、悪い」ということが事実であるのは、その「何かが倫理的に不正とか悪いという性質、不正さや悪さを有しているときだ」、というものがあります。[26]

これは「かぼちゃは丸い」ということが事実であるのは、実際にかぼちゃが「丸いという性質」、すなわち「丸さ」を有しているときだ、という発想を援用したものです。「このかぼちゃは硬い」ということが事実であるのは、そのかぼちゃが「硬さ」という性質を実際に有しているときでしょう。

しかしながら、それでも問題は解決しません。というのも、今度は「丸さ」や「硬さ」に対応するものとしての「不正さ」とか「悪さ」という性質、すなわち道徳的性質（moral property）というものがやっぱりなんだかよく分からないからです。丸さや硬さは目で見たり、触ってみたりすれば分かりますが、不正さや悪さはどのように確認すればよいでしょう

26　「一つの考え方」とことわったように、事実の説明にあたって、こうした性質への言及は必ずしも必要ないという倫理学上の考え方もあります。補章も参照。

か。たとえば、近世イギリスの有名な哲学者であるデイビッド・ヒューム（1711-1776）は、いくら観察しても道徳的性質、そして道徳的事実は見つからないと述べています。

そして、確認できるような道徳的性質や道徳的事実が一切存在しないのなら、道徳や倫理の問いに正解が存在することもなくなってしまうでしょう。実際、確認できるかどうか、という点は私たちにとって重要なものです。まっとうな新聞やニュース番組は、確認できていないことを事実として報道することは決してありませんし、そんなことはあってはなりません。倫理的事実が確認できないのなら、私たちも倫理の問題に正解があるといった考えを述べるのはただちにやめるべきでしょう。

	問い	正解	真実	性質
形の問題	このカボチャは丸い？	このカボチャは丸い	カボチャが丸さを持つ	丸さ
倫理の問題	この行為は悪い？	この行為は悪い	行為が悪さを持つ	悪さ

観察して確認できる

観察して確認できない？

しかしながら、倫理的事実を確認することは難しいと考える一方で、なお同時に、しかじかのことは倫理的な事実だという確信をもって考えるような場面もあるのではないでしょうか。たとえば、すぐ前の段落で述べた、「新聞やニュース番組は、確認していないことを事実として述べるようなことはあってはならない」ということを私たちは倫理的な事実だと考えてはいないでしょうか。だからこそ、「新聞やニュース番組は、確認していないことを好き勝手に事実として述べてもいいか」という問いには、ある程度確信をもって否と答えられる、とは考えないでしょうか。

ここで倫理学者の見解は二つに分かれます。第一のものは、残念ながら、この確信は実は根拠のない思い込みに過ぎないのだ、という否定的な見方です。この立場においては、倫理的な事実はあくまで確認できないもの、存在しないものです。他方、第二のものは、そんなことはない、この確信はきちんとした根拠のある正しいものだ、という見方です。物理的な方法では確認できないかもしれないが、別の仕方で倫理的事実を確認する方法はある、とこの立場をとる人たちは考えます。そして、両者は根底の部分では、それぞれ、倫理の問題には客観的な正解はない、正解はあるという立場とつながっています。以下では順に、それぞれの立場の主張について見てみましょう。

2・2・1　なぜ客観的な正解が存在すると（誤って）考えてしまうのか①　感情の投影

第一章で登場したフットやヘアと同時代の英国の倫理学者、ジョン・マッキー（１９１７-１９８１）は、倫理的な事実についての私たちの確信をただの「思い込み」であると主張するとともに、なぜそのような思い込みをもってしまうのかを詳しく論じています。

マッキーは先ほど挙げた「正しさ」や「悪さ」などの道徳的性質を道徳的価値と呼んでいるので、以下ではそれにならいます。彼は、私たちが客観的な道徳的価値が存在すると思い込んでしまう理由をいくつか取り上げています。たとえば *A Refutation of Morals* という論文で、彼はこうした思い込みを「客観化（objectification）」と呼びます。本来、主観的であるものを、客観的なものにしてしまっている、ということです。

たとえば、カビのことを思い浮かべてみてください。冷蔵庫のなかであれ、お風呂の壁であれ、多くの人はカビを見ると汚いと思うものです。しかし、このとき、マッキーの考えによれば、カビ自体が「汚さ」という性質をもっているわけではありません。たとえば生物学者がカビをどれだけ観察しても、汚さという性質は検出できないでしょう。汚さとは、あくまで、人々がカビを見て主観的に感じているものに過ぎません（逆に、チーズにはえているカビを見て、美味しそう！　と思う人もいるでしょう）。

それにもかかわらず、人々はこの自分の感覚、自分が主観的に感じたに過ぎないものを、対象に投影することで、あたかもカビ自体が客観的な汚さをもっているかのように錯覚しているのです（美味しそう、と思った人は、美味しさ、という性質を投影し、カビやチーズ自体が美味しさという性質をもっていると錯覚する傾向にあるといえるでしょう）。

こうした客観化は、道徳においても行われる、しかもより強固な形で行われる、とマッキーは説きます。彼は次のように述べています。

> 私たちは、自分が承認しているものを勧奨する傾向を持つことや、それを他人に押しつける傾向を持つことを避けられない。そのために、私たちは、自分が承認するものを全ての人が認めてくれることを欲する。このことがもっとも確実になるのは、本当に客観的な事実が存在するときである。私たちが感じるものは一般に私的なものに過ぎないが、私たちが知覚するものならすべての人に共通であり得るからだ。
>
> （*A Refutation of Morals* 82頁）

たとえば、あなたは普段からアルバイト先で人一倍まじめに仕事に取り組んでおり、時間を守って働くことを大事にしているとしましょう。しかし、同僚の一人はいつも遅刻してきて、挙げ句「そんなに時間通りに働くことって良いことですか？　適当でいいじゃないですか」と聞いてくる始末です。このとき、あなたはこの同僚に時間を守ってもっとまじめに働いてほしい、と思うことでしょう。

この時点では、これはあなたの個人的な感情に過ぎません。ですが、もしここで時間を守って働くことに「良さ」という性質があり、「時間を守って働くことは良いことである」という客観的事実、客観的な正解が存在していれば、どうでしょうか。そうなれば「時間通りに働くことは、良いことか」という問いに対しては誰もが「その通り」と答えなくてはなりません。だって、それが事実であり、正解なのですから。

こうなると、もはや「時間を守って働くことは良いことだ」というのは私一人の私的な感情に基づくものではありません。それは誰もが確認することのできる共通の事実です。そうであれば、私が同僚に向かって「ちゃんと時間を守って働いてくださいよ」と述べたとしても、それは私の気持ちを自分勝手に押しつけたことにはならないでしょう。

実際、この事実を確認した人は、なるほど、確かに時間を守って働くことは良いことだ、といって、時間を守って働くことをあなたと同じように承認する気持ちをもち、時間を守って働くよう促されるかもしれません。ですから、ああ、そういう客観的事実があればいいのに、とあなたは思うでしょう。そこからあなたはあまりにも強くそう思うがゆえに、期せずして、踏み出してはいけない一歩を踏み出してしまいます。

そこで、私たちは自然とそのような事実を想像の中で構築する。私たちは自分の感情を客観化し、しかも徹底的にそうすることで、自分自身をもだますのである。

(A Refutation of Morals 83頁)

マッキーに言わせれば、自分が様々な事柄に対して持つ道徳的な賛成や反対の気持ちを、他の人にも共有してもらいたいがゆえに、それらが客観的な事実であると思い込み、他人にもそれを押しつけてしまうのです。本当はそんな事実など存在しないのに。別の言い方をすれば、自分の行動には客観的に認められる正当な理由がある、と思い込むことで、私たちは自分の行動を正当化し、他人にそれを押しつけることをも正当化しているのです。

実際、前章でも述べたように、道徳に関する事柄では、他の趣味の事柄に比して、この「共有してもらいたい」「押しつけたい」という思いが強くなりがちです。私たちはたいてい、友人や家族などとの間で、好きな食べ物やテレビ番組が違っていても構わないと考えますが、暴力に対する態度が違っても構わないとは考えません。「あなたは自分の子どもを好きなときに殴っていいと思っているんだね、ふーん」とはなりません。私は子どもに好き勝手に暴力をふるうことを許容できないし、あなたも許容しないでほしい、と考えさせる傾向を道徳はもちます。第一章でフットやヘアも述べていましたが、道徳を重要だと考えれば考えるほど、自分と違う立場は認めがたく、押しつけたくなるのです[27]。

この主張をマッキーは後の主著『倫理学』のなかでも、繰り返し、さらに展開していきます。私たちは、人助けは良いものだという自分の主観的な感覚、あるいは人助けが良いものであってほしいという主観的な欲求を、人助けという対象に投影し、あたかも対象が客観的善さを有していると誤って思い込みます。

この思い込みは社会の成員たちに共有され、内面化されることで、さらに強化される、とマッキーは主張します。もともとは良いことであってほしい、皆にもそうしてほしい、と思われていただけのことが、時代を経るにつれて逆転し、実際に良いことであり、しなければならないことであるかのように扱われるようになった、それが現在の倫理や道徳の正体だとマッキーは考えます。

特に、マッキーによれば、この欲求は道徳や命令に転化していく過程で、余計なものがそぎ落とされていきます。そのため、道徳の命令はシンプルに「嘘をつくな」「人のものを盗むな」などの形で言い表されるようになります。そして、特定の誰かのためなんかじゃありません、私の個人的な思い込みでもありません、これは私たち全員にとっての事実の問題なんですよ、とまことしやかに、言われるようになっていくのです。

こうして個人の単なる欲求に過ぎなかったものは、あたかも客観的な事実であるかのような道徳的命令として通用するようになります（この点に敏感な人は、道徳、道徳って客観的ぶって言っているけど、結局、自己満足でしょ、と考えます）。このようなマッキーの考え

27　ここから、コロナ禍でのいわゆる「自粛警察」のことを思い起こした人もいるかもしれません。昨今のそうした過剰に自粛を強制する人々の活動の根底には確かに、こうした道徳の押しつけがましさがあることは想像に難くありません。しかし、同時に、こうした活動においては、自分は我慢しているのになぜお前は我慢しないのだという怒りや、いろいろなことがうまくいかない鬱屈が他者への暴力という仕方で表れてしまっていることで、本来の道徳のもつ重要な性質が歪んでしまっているように感じます。

方は「投影説」と呼ばれ、様々な改良を施されてはいますが、現在でも多くの支持を集めています。

2・2・2　なぜ客観的な正解が存在すると（誤って）考えてしまうのか②　人生の意味

さて、マッキーは、客観的な価値が存在すると私たちが思い込んでしまう別の理由も挙げています。それは、そうした価値や事実が存在しないとなると「重要な問題は何もなく、生はその目標を失っている」という感覚を、私たちがもってしまうことにあります。

順を追って説明します。まず、マッキーによれば、自分の仕事が道徳的に良いものかどうかを悩む人は以下のようなことを考えるものです。

> 自分は本当にこの仕事をしたいのか、この仕事は自分を満足させるのか不満にさせるのか、結局のところその仕事に前向きの態度を持っているかどうか、あるいは重要な点で類似した全ての場合で、自分が喜んで誠実に推奨することができるような行為であるかどうか、こうしたことは問題にならない。……彼はこの一連の行動がそれ自体として間違っているかどうかを知りたいのである。
>
> （『倫理学』36頁）

ここでマッキーが述べているのはこういうことです。誰よりもまじめに働いてきたあなたが、あるとき、「この仕事は道徳的に良いものだろうか」を悩み始めてしまったとします。仕事が虚しくなってしまったのかもしれません。あるいは、自分の仕事が誰かの不幸の上に成り立っていると気づいたのかもしれません。マッキーの考えでは、このときあなたは、この仕事は儲かるだろうかとか、楽しいだろうかとか、あなた自身はこの仕事をしたいのだろうか、とかを悩んでいるわけではありません。ある事柄を道徳の問題として悩む人はたいてい、自分の好き嫌いや満足不満足ではなく、事柄自体が良いか悪いか、を考えています。

実際、「肉食をすべきではないのだろうか」という問いを道徳的な意味で悩んでいる人は、私は肉を食べることが好きだろうか、嫌いだろうか、で悩んでいるわけではないでしょう。たとえ菜食主義の人であっても、三ツ星レストランの料理人が腕をふるって調理した最高級の肉は美味しいと感じてしまうかもしれません。

ですが、問題はそこではないのです。むしろ、その人は肉食という行為がもつ客観的な道徳的価値が知りたいのであり、そこから自分は肉を食べてもいいかどうかを考えたいのです。道徳的価値はしばしば目標、行為の指針としての役割を果たします。しかしその上で、もしも、そうした指針がまったく存在しないとしたらどうでしょうか。ここから、マッキーは次のように述べます。

客観的価値の否定は、その否定と共に極端な情緒的反動、すなわち、重要な問題は何もなく、生はその目標を失っているという感情をともなうことがある。……客観的価値への信仰の放棄は、少なくとも一時的には、主観的な関心や目的感覚の衰退の原因となることがある。そうであるなら、これに立ち向かおうとする人々は、自分たちの関心や目的を客観化しようとして、それらに架空の外的権威を与え続ける、ということは明らかである。

（『倫理学』37頁）

要するに、私たちは自分たちの人生が何の意味も目標も持たないと考えることに耐えられません。それがゆえに、客観的な価値は存在し、私たちに何かをせよと命じてくるし、その使命を果たすことに自分の人生の意味はあるのだ、と信じ込もうとする、というのがマッキーの診断です。「客観性の要求は、彼らの主観的な関心や目的ととても強く結びついているので、客観性の要求が衰えると、主観的な関心や目的の基盤を崩されてしまうように思われる」（同）のです。

したがって、マッキーの考えでは、第一に、私たちは自分たちの感じたことを対象に投影してしまう傾向がある、第二に、私たちは自分の人生に客観的な意味がないという事実に耐えられないという傾向がある、それゆえに、客観的な倫理的性質や倫理的事実なるものが存在すると思い込んでしまっているのです。

しかし、本当のところでは、客観的な倫理的事実など存在せず、それゆえに倫理の問題に客観的な正解などないのです。そして答えがあるとすれば、それは私たちが自分の願望や欲求を投影して作り上げたもの、それだけなのです。

だからこそ、倫理の問題の正解は時代や文化によって異なります。私たちは昔の本を読んだり、映画を鑑賞したりしているときに、登場人物たちの言動に驚いてしまうことがあります。主人公が、現代では考えられないような差別的な発言をしたり、残酷な振る舞いをしたりします。しかし、それは当時の人々が求めているもの、他人に期待しているものが、現在の私たちと違うからであり、彼らにとってはそれが正解なのです。

客観的な正解があると間違って思い込んでしまう理由

①私たちは、他人に自分と同じように行動してほしい
②私たちは、自分の人生に意味があってほしい

この二つの感情を対象に投影した結果、倫理的な事実は存在し、それゆえに他人にも自分と同じように行動する客観的な根拠があるのだ、自分の人生には意味があるのだと思い込んでしまう。しかし、本当はそんなものは存在しない、とマッキーは主張します。

2・3　倫理の問題に客観的な答えは存在する？

ではマッキーのこうした主張は正しく、私たちは倫理や道徳の問題に客観的な正解があると誤って思い込んでしまっているだけなのでしょうか。実際のところ、マッキーの主張に賛同する人は、多いのではないかと思います。客観的な正解を裏づけるようなものは自然界には存在しない。しかし、あまりにも皆が好き勝手にやってもらうのも困る。だから、社会は

こうあってほしい、という皆に共通の願望に基づいて、共通の倫理を創作し、法律や教育制度によってそれを強制する。それが現代社会の在り方じゃないか、と。

こうした考え方には一理ありますし、実際、倫理学者のなかでも支持する人はたくさんいます。しかし、他方で、それでは納得しない人たちもいます。特に、根本的なところでは倫理とは、どんな時代、場所、文化にあっても同じであるはずだと考える人たちは、マッキーのような主張に強く反対します。本章の冒頭でも述べましたが、理由なく好き勝手に他人の命を奪ってはならない、他人の所有物を奪ってはならない、他人の自由を奪ってはならない、などのことは、いつでもどこでも変わることなく守られねばならない倫理の基本的な主張であるように思われます。

もちろん、こうした基本的な倫理が、事実として、ある時代のある社会においては守られていない、正解として扱われていないということは、確かにあります。しかし、それはその社会が間違っているということに他なりません（体罰の事例を思い出してみてください）。法律であれ、教育制度であれ、それらは単に人々の願望を叶えるためではなく、むしろ、ときには人々の願望を矯正しながら、真に正しい社会を作るために制定されるのでなくてはならない。このような考えもまた、むげには切り捨てられないものではないでしょうか。

ここで、先ほど引用したレイチェルズに再登場してもらいましょう。レイチェルズは倫理の問題には客観的な正解があると主張します。そのため、むしろ思い込みに囚われているのはマッキーの方だ、と考えます。そのために、どうしてマッキーのような人たちは客観的な倫理的性質や事実がないと思い込んでしまうのか、ということを、『倫理学に答えはあるか』という著作の中で、文化相対主義、心理学、証明の不在という三つの点から述べています。

2・3・1　なぜ客観的な正解が存在しないと(誤って)考えてしまうのか①　文化相対主義

レイチェルズによれば、マッキーのような人たちが客観的な答えの存在を否定したくなってしまうことの第一の理由は、文化相対主義にあります。実際、周囲の国々を見回してみれば、私たちが正しいと思っていることが、他の文化では通用するとは限らない、ということは容易に理解することができるでしょう。一夫一婦制の文化もあれば、一夫多妻制の文化もあり、遺体を火葬する文化もあれば、土葬する文化もあります。名誉殺人を容認する文化、特定の生まれの人を差別することを許容する文化もあります。こうした事実を考えると、倫理の問題に正解などなく、それぞれの人々が信じていることがあるだけだ、と言いたくなってしまうのも当然だ、とレイチェルズは述べます。

しかしながら、こうした考えは間違いである、とレイチェルズは主張します。彼の考えでは、文化によって倫理が違うことは、倫理の問題に客観的な正解がないことを意味しません。その理由は二つあります。

第一に、一般に唯一の真理があると思われているような領域の事柄、たとえば科学的な事柄であっても文化による差異は見られるからです。「いくつかの文化においては、地球は平らであると信じられているし、別の文化では、病は悪霊によって引き起こされると信じられている。だが、それをもってわれわれは、地理や医療に真理はないと結論づけたりはしない。代わりに、いくつかの文化においては、人々は正しい知識を持っていないという結論を出すだろう」（『倫理学に答えはあるか』５頁）。

したがって、レイチェルズによれば、倫理における意見の相違は、単に、どちらかが間違っていることを示している、ということになります。「仮に倫理上の真理が存在するとしても、すべての人がそれを知っているに違いないとなぜ思うべきなのか」（同書）と彼は述べます。奴隷制を容認している国の人々は真理を知らず、間違った倫理を持っているのです。

第二に、文化によって異なる二つの倫理があるとして、しかもどちらも間違っていないのだとしても、それはそれぞれの地域において、異なる事情、異なる理由があることを示しているに過ぎません。たとえば、湿度が高く遺体が腐りやすい地域では、土葬よりも火葬が好まれたかもしれません。一夫多妻制と一夫一婦制は、前者が女性差別などに基づくものでないとすれば、男女の数の問題に解消されるかもしれません。

これらの文化の違いは「結婚制度はどうあるべきか」という問いに答えがないことを示しているのではなく、「Aのような風土、歴史、社会制度を背景にするなら、結婚制度はどうあるべきか」と「Bのような風土、歴史、社会制度を背景にするなら、結婚制度はどうあるべきか」という別々の問いに、別々の正解が与えられているに過ぎないというわけです。そのため、「Aのような風土、歴史、社会制度を背景にする場合には一夫一婦制を、Bのような風土、歴史、社会制度を背景にする場合には一夫多妻制を採用することが正しい」ということは事実であり得ます。その意味で、文化の違いは、倫理の問題に客観的な正解がないことを示すものとは言い切れないのです。

2・3・2　なぜ客観的な正解が存在しないと（誤って）考えてしまうのか②　心理学

さて、レイチェルズによると、私たちが倫理の問題に唯一の正解など存在しないと間違って思い込んでしまう第二の理由は、心理学や生物学にかかわるものです。「心理学的研究は、道徳的信念が個人のなかで形成される非理性的な経緯をわれわれに気付かせることにより、倫理への信頼を他のアプローチとは別の仕方で密かに覆す傾向がある」（同書10頁）というのです。どういうことでしょうか。

心理学や動物行動学、進化生物学などは、人間や他の動物たちが、どのようにして自分たちの倫理や道徳を発達させてきたかを、様々な仕方で説明します。たとえば、倫理や道徳をもって互いに助け合うよう進化した動物種は、他の種よりも生存しやすかった。動物は成長の過程で、一定の行動をするたびに褒められ、報いられることで、その行動を繰り返す傾向を有するようになり、逆に怒られ、罰せられることで、その行動を避ける傾向を有するようになる。その際、人間は褒められるような行いを正しい行いと考え、怒られるような行いを不正な行いと考えてきた。したがって、何を倫理的に正しいと思うか、などは結局のところ、私たちが生き残るために、あるいは罰されないように、身につけてきた反応に過ぎない。こういったことを、進化生物学や心理学の一連の研究は示しているわけです。

実際、別の仕方で訓練、教育されていれば、私たちは別の傾向を身につけ、別のものを正しいとか不正だとか呼んだことでしょう。そのように考えるなら、倫理の問題に客観的な正解など存在しないと考えてしまうのも自然です。「かくして、多くの人の心において、心理学が倫理学を呑み込むわけである。単に心理学が倫理学を説明しているというのではない。心理学が倫理学を完全に説明することで、倫理学というものを取り除いているのである」(同書12頁)。

しかしながら、これらの心理学の説明が正しいとしても、なお、倫理の問題に客観的な正解がないことにはならない、とレイチェルズは主張します。というのも「心理学はわれわれに、諸々の信念は一定の仕方で獲得されるということを教えるかもしれないが、これらの信念の本性や妥当性に関することは、ここからは全然出てこない。結局、心理学が教えてくれるのは、すべての信念は何がしかの心理的メカニズムの作用を通じて獲得される、ということなのだ」(同書12頁)からです。

この引用で言っていることは要するに、心理学は、いかにして私たちはしかじかのように考えるようになるのかについて、howにあたる「説明」は与えるが、なぜそのように考えた方がよいのか、本当にそのように考えるべきなのか、というwhyにあたる「正当化」を与えない、ということです。

このことを示すために、レイチェルズは再び、倫理以外の事柄との対比を行います。「アメリカの初代大統領は誰か」という問いに対して、子どもが「ジョージ・ワシントンです」

と答えたとします。これはもちろん正解なわけですが、このとき、なぜ子どもがそれを正解と考えたかと言えば、先の心理学の理論を援用して考えるなら、それは歴史上の真理を知っていたからではなく、そう言えば先生に褒められ、違う人の名を挙げれば先生に怒られるからです。そうだとすると、もしこの子どもが悪意のある先生によって、「ジョージ・ブッシュです」と答えるたびに褒められて育てられたなら、この子どもは「アメリカの初代大統領はジョージ・ブッシュである」を正解だと信じたでしょう。

しかし、このような、子どもがいかにしてアメリカの初代大統領についての考えをいだくようになるかということは、実際に誰がアメリカの初代大統領であるかということとは、関係がありません。それは確かに子どもの心理的発達についての説明を与えますが、ではいったい何が歴史的事実なのか、歴史的事実とはどういうものなのか、ということには何の答えも与えていないのです。

数学の問題で考えるなら、どうして子どもたち（の脳は）は複雑な計算をすることができるのか、子どもたちがどこで計算を間違いやすいか、どうすればより計算能力は高まるか、ということは心理学や脳神経科学、進化論などによって明らかにできるでしょう。しかし、計算の正解は何か、ということは、そうした心理学の成果とは関係がない、純粋に数学の問題だということです。
こうした歴史や数学の事例と同じように、子どもたちがいかにして倫理を身につけるか、子どもたちはどうして倫理に従うのか、倫理に従うときには子どもたちの脳で何が起きているのか、子どもたちを倫理に従わせるにはどうしたらいいかということと、倫理の問題において何が正解か、ひいては倫理の問題に正解があるかないかということとは、まったく別の事柄である、とレイチェルズは主張します（もちろん、前者も実践的には極めて重要な問題です）。したがって、心理学の説明がすべて正しいとしても、なお、倫理の問題に客観的正解がないという証明にはなりません。

2・3・3　なぜ客観的な正解が存在しないと（誤って）考えてしまうのか③　証明の不在

さて、レイチェルズが挙げる、倫理に正解がないと誤って思い込んでしまう最後の理由は、倫理の問題には正解を導き出す証明が存在しないようにみえることにあります。これをレイチェルズは次のような形でまとめています。

もし倫理学に何か客観的真理のようなものがあるなら、ある道徳上の意見は真、他は偽であると証明できるはずである。しかし、実際は、どの道徳上の意見が真で、どれが偽であるのか証明できない。それゆえ、倫理学においては客観的真理のようなものは存在しない。（同書14頁）

前に見たように、倫理的な性質は、丸さや硬さと違って、目で見たり、触ったりして確認することができるものではありません。数式などを駆使して真理を示せるようなものでもないように思われます。そのため、これが正解である、ということを決して証明できないのなら、正解などないと考えるのが自然である、というわけです。

このような考え方に対し、レイチェルズは、三つの点から反論します。第一に、科学での観察や実験に相当するような証明が存在しないとしても、倫理学において証明がまったくないわけではありません。「倫理学における理性的思考とは、理由を挙げ、主張を分析し、原則を立て正当化する、といったことにある。倫理学における推論が科学における推論とはいくつかの点で異なるという事実は、それに欠陥があるということを意味するものではない」（同書15頁）と彼は述べていますが、それによれば倫理学において何かを証明するとは、妥当な根拠を示すことです。

たとえば、「ジョーンズは悪い奴だ、無責任だ、非倫理的だ」という倫理的事実を証明するとは、そう考えてよい根拠を示すこととされます。ジョーンズはすぐ嘘をつく、人のものを盗む、他人の意見を聞かない、自分の失敗を他人に押しつけている、などの根拠を先の事実を裏づける「証拠」として扱うことには、何のおかしさもない、とレイチェルズは考えます。したがって、「正しさ」や「悪さ」のような観察不可能な倫理的性質を持ち出さずとも、ジョーンズが普通に持っている観察可能な性質に基づいて、倫理的事実を語っても不都合はない、と考えることができるのです。

証明をめぐる議論への第二の反論は、こうした問題を考えるとき、私たちは自動的にもっとも難しい道徳上の問題について考えてしまう傾向がある、ということです。確かに、証明ができないとしか思えないような難しい問題はありますが、そうした問題ばかりではありません。「気分次第で隣の人に暴力をふるってもいいか」などの問いには明らかに正解があります。

他方で、「より大きな暴力を防ぐために、小さな暴力をふるうことは許されるか」は難しい問題です。しかし、正解の出しにくさは、正解があるかないかとはまったく別の問題です。これは宇宙の始まりは何であったかのような問題は証明が困難ですが、正解がないわけではない、ということを考えるとわかってもらえるかと思います。

さて、証明ができないことをめぐるレイチェルズの最後の反論は、シンプルです。それは、ある意見が正しいと証明することと、あなたの証明を受け容れるよう、ある人を説得することとは違う、ということです。どれだけ自分が正しいと思っていても、相手が受け容れてくれない、ということはしばしば生じます。そうした困難にぶつかるたびに、相手に自分の意見を拒絶される経験を重ねるたびに、私たちは自分の答えが正解かどうかを疑い、結局、正解なんてないんじゃないか、と考えてしまいがちです。

もちろん、自分の意見は絶対にいつでも正しいのだというのは傲慢であり、おそらく間違っています。そのような態度を避けて、謙虚さをもつことは重要です。しかし、十分な根拠があり、誤っていると考える余地がない事柄についてまで、相手が受け容れてくれないから正解ではない、と考えるなら、それは卑屈というものです。

地球が太陽の周りを回っているということも、奴隷制は廃止すべきだということも、受け容れられるまで長い時間がかかりました。しかし、それでも両者は正しかったのです。結局のところ、説得が困難であることと、正解がないということは別の事柄です。

レイチェルズの主張を簡単にまとめておきましょう。マッキーが客観的な正解が存在するというのは私たちの思い込みに過ぎないと主張したのに対し、レイチェルズはむしろ、客観的な正解は存在しないという方が文化相対主義、心理学、証明の不在に基づく思い込みに過ぎないと主張しました。

客観的な正解がないと間違って思い込んでしまう理由

①文化が地域や時代によって違っていることから、倫理の正解も共同体によって違っているように見える

②心理学や進化生物学の知見を踏まえると、倫理も生物としての反応や本能に過ぎないように見える

③倫理においては正解を証明することができないように見える

この三点を考慮して、私たちは倫理には客観的な正解などないと思い込んでしまう。しかし、それらはすべて誤りで、本当は、客観的な正解が存在している。

2・4　マッキーの（したかもしれない）反論

マッキーの『倫理学』はレイチェルズの書籍よりも二十年前に出版されていますが、そこにはレイチェルズが言うような批判を想定した、いくつかの記述があります。公平を期すために、それらについても少しだけ見ておきましょう。

　マッキーの記述によれば、レイチェルズの挙げるような反論は客観的価値の不在を思い込みだと言う根拠としては不十分です。たとえば文化相対主義については、確かに、いくつかの相違は単なる表面的な違いであることを認められる、とマッキーも述べます。

　しかし、彼はそれに続けて、マッキーを批判する人たちが自分たちは正しいと主張するためには、あらゆる表面的な違いの根底には同じ一つの倫理が常に存在すると証明しなければならない、だが、これはとうてい不可能である、と述べます。すべての物質に当てはまる普遍的な物理法則、万物理論のようなものの倫理版、倫理法則のようなものを想定するのは依然として、もっともらしくないのであり、そのようなものがあるはずだ、という考えこそが思い込みだと考えるわけです。

　他方、心理学に関しては、直接の記述はありません。しかし、マッキーの議論を敷衍《ふえん》して、こういうふうに考えられるかもしれません。心理学が明らかにしたことは、私たちにとって客観的な答えに見えるものも、実際には生物学的に偶然的に獲得したものに過ぎないということです。レイチェルズも言うように、この偶然性の暴露それ自体は、実際に客観的な答えがあるかどうかとは無関係であるようにも見えます。私たちがどうして何かを正解だと思うのかということと、正解が何かということは別だと考えられるからです。

　しかしながら、心理学や進化論の真の威力は、レイチェルズも含めて、どんな人がどれだけ「客観的な正解」とされるものをもってきても、それは心理学や進化論の用語で説明することができてしまい、客観的な正解なるものは不要とされてしまうという点にあります。

　たとえば、「幼い子どもをもっぱら性的快楽のために虐待することは倫理的に許されない」は相当程度、客観的で絶対的な正解に近いものであるように思われますが、これも子どもの虐待を認める社会は存続しにくいから、そのようなものを否定するよう私たちは進化してきたに過ぎない、などといった形での説明が可能です。ここには生物学上の事実さえあればよく、不変の客観的な正解などという概念は必要ありません。

　さらには「客観的な正解」という概念や発想そのものが、私たち人類が進化や成長の過程で身につけた概念に過ぎない、と言うこともできるかもしれません。次章で主に取り上げる、プラグマティストと呼ばれる人々は、「真理」というものも、それが果たすべき役割の有用性という点から検討し直すべきだと主張します。

したがって、レイチェルズが考えている以上に、心理学や生物学の力は道徳における客観的な正解にとって破壊的であり得ます。私たちが違った仕方で進化していれば、違った仕方でできあがった生物であったとすれば、私たちが道徳的事実と理解するものも、まったく違ったものになってしまうでしょう。

最後に、証明を巡る議論についても、マッキーは述べています。それによれば、きちんとした証明ができることはめったにないし、仮にあったとしても、その証明はどこかに客観的ではない要素を含んでいます。

> 私が言いたいのは、このような推論の入力のどこかに、何か客観的には妥当性を与えられないものだとか、単純に真ではありえないような前提だとか、あるいは一般論理学の事柄としては妥当でない論証形式だとかが、存在するだろうということである。……いずれにせよ、その推論の権威あるいは説得力は客観的なものではなく、われわれがある特定の方法で考えるということを選択し、決断することによって構成されるものなのである。
>
> （『倫理学』30頁）

マッキーに言わせれば、もし倫理学の正解が、数学や論理学によって証明できないなら、そこには何かしらの主観的なものによる論理の飛躍が密輸入されていると考えるべきです。したがって、レイチェルズが言うように、仮に倫理学に証明に見えるようなものがあったとしても、それは客観的な答えの存在を保証するものではない、とマッキーは考えます。

つまり、倫理学における証明は「この証明は倫理学のなかでは妥当な証明であることとする」という私たちの取り決めによって成り立っているに過ぎず、その意味では、完全に客観的なものとは言えません。証明の妥当性自体が誰かによって作られたものに過ぎないのであれば、その証明に基づく答えも当然、作られたものになってしまいます。そのため、レイチェルズの主張は、やはり客観的な証明があるのだという思い込みに基づいているのです。

2・5　二つの思い込みと二つの態度

さて、本章ではここまで、マッキーとレイチェルズという二人の倫理学者の考え方を紹介してきました。マッキーは、倫理の問題にいつでもどこでも誰にでも当てはまる客観的な正解があるという考えは誤った思い込みであるとし、なぜそのように思い込んでしまうのかを、願望の投影や生きるための目的などの点から説明しました。レイチェルズは逆に、倫理の問題に客観的な正解はないという考えこそ誤った思い込みであるとし、なぜそのように思い込んでしまうのかを、文化相対主義、心理学、証明の不在、などの点から説明しました。

　このように進めてくると、いったいどちらの主張の方が妥当なのか、と思われたかもしれません。しかしながら、それを示すことは容易ではなく、本書の手に余ります。したがって、ここで述べたいのはこの二人のどちらが正しい、ということではありません。むしろ、本書で強調したいことは、どちらの思い込みも現実に私たちが日々、囚われてしまっているものだということです。

　つまり、本当の正解のあるなしとは関係なく、私たちは自分の感情を投影したものを正解だと思い込みますし、文化相対主義や心理学を拡大して他の人が出した答えを正解ではないと思い込みます。自分の存在がちっぽけであることを受け容れられず、自分を正当化してくれる客観的価値を必死で見出そうとしたり、そんなものは証明になっていないといって他人の道徳の議論を見下したりします。

　しかし、これらはいずれもまっとうな態度とは言えません。二人の議論からまず学ぶべきことは、客観的な答えを捏造しないこと、客観的な答えから目をそらさないこと、となるでしょう。

たとえば、倫理の問題における正解を目指すという態度を巡る可能性には、次の三つのことが言われることがあります。

（a）正解には誰でもたどりつける。だから、誰もがそれを目指して努力しなければならない。

（b）正解には当事者だけがたどりつける。だから、当事者以外は口をつぐむべきだ。

（c）正解には人間の能力では決してたどりつけない。だから、自分にとっての答えを出せれば十分だ。

誠実に主張されるなら、どれもが一理ある態度です。しかし、どの一つをとってみても一歩間違えば、ただの思い込みの産物になってしまいます。（a）「正解には誰でもたどりつける」は、自分の願望の客観化の産物かもしれません。（b）「正解には当事者だけがたどりつける」は相対主義に基づく思い込みの危険があります。（c）「正解には人間ではたどりつけない」は、証明の無さに基づく思い込みの可能性があります。

もちろんそう思ってしまうこと自体は必ずしも責められるようなことではないかもしれません。しかし、そうした思い込みのもとに、自分を過大視したり、他人を見下したりしようとする態度があるかもしれないということには目をつぶるべきではありません。

私たちはいずれの思い込みをもうまく避けながら、目下の倫理の問題への向き合い方を考える必要があります。つまり、「遺伝子操作を行うことは倫理的に許されるか」と問うならば、証明のしようがないとか、当事者にしか答えられないといって最初から諦めるのではなく、かといって安易な正解を捏造するのでもなく、この問題には客観的な答えがあるのだろうか、それに近づくにはどうしたらいいだろうか、と真摯に問うてみる必要があるということです。

●結局、倫理の問題に正解はあるのか

しかし、こう言ってみたところでやはり「そう簡単に諦めるな、結局、倫理の問題に正解はあるのか、もう少し説明しろ」と言われるかもしれません。それもその通りだと思いますので、少しだけ、やや複雑な言い方にはなりますが、以下で筆者自身の考えを簡単に述べておきたいと思います。

マッキーの考えでは、倫理的な性質や倫理的事実が存在すると考えることは、思い込みに過ぎませんでした。しかし、実はマッキーは、誰にでも当てはまる客観的に正しい答えがあらかじめ存在するということはありえないけれど、同時に私たちが何かを「正解であることにする」ことはできると考えていました。それをマッキーは「倫理を創ること」だと述べます。

もちろん、個人個人が勝手に正解を創ってしまうと困ったことになります。しかし、私たちが生きていく上で必要な様々なものや、私たちの多くが目指している幸福をもたらすようなもの、そうしたものを保障してくれる様々な権利、そうしたものは重要であるという取り決めをすれば、その取り決めに照らして、倫理の問題には答えられることになります。その取り決めが複数あれば、正解は複数ということになりますが、倫理の問題に正解が一切ありえないことにはなりません。

遺伝子操作の問題のように、これから取り決めを創っていかねばならない領域も存在します。人工知能の開発などをはじめ、科学技術の急速な発展は、そうした領域を数多く生み出しています。しかし、そこでも私たちはゼロから倫理を生み出すのではなく、基本的には既存の様々な取り決めを応用して、新たな取り決めを創っていくことになります。

さて、私たちの倫理が、こうした取り決めとしての側面をもつということは疑い得ないと思います。しかしながら、私たちはいったいどんな取り決めを正当な取り決めと考えるでしょうか。一般に暴力や詐欺などに基づく取り決めは、およそまっとうな取り決めとは認められないでしょう。たとえ本人が同意したといっても、ある人を奴隷として扱ってよいという取り決めも認められそうにありません。

だとすると、創られた倫理、取り決めの中にも、正しいものと正しくないものがあるのではないでしょうか。では、ある取り決めの正しさを判定するものは何なのでしょうか。それもまた創られた倫理だとすると、創られた倫理の正しさを判定する創られた倫理があることになりますが、その判定する倫理の正しさは何が判定するのでしょうか。要するに、どこかに創られていない倫理、私たちが創ったのではない倫理がない限り、私たちは自分たちが創った取り決めが正当なものかを判断することができないのではないでしょうか。[28]

28　このような最終的な基礎がどこかに必要であるという考え方に対し、そうした最終的な基礎のようなものは不要である、という立場もあります。たとえば、全体として不整合がなければよい、といった考え方です。前者は基礎づけ主義、後者は整合説と呼ばれることがあり、本書は基本的に前者の立場に立った説明をしています。

もちろん、「その通り、だからこそ、倫理についての判断はまったくできないのだ」という考えも当然あるでしょう。しかし、そのような極端な考え方は、受け容れるにはコストが大きすぎるように見えます。私たちは朝起きてから寝るまでの間に、「あれは良い、これは悪い、これはしてはいけない、これはしなければならない」と、それこそかなりの数の倫理的判断を下しているわけですが、そうした日常生活の判断のすべてを本当は無根拠なものとみなさなければならなくなるからです。

さらには、しかじかのものには根拠がないという主張も、それ自体が根拠を必要とする、根拠がなければ説得力がない、という問題もあります。言い換えれば、「それは間違っている」という主張も、その主張が正しいと言える根拠を必要とするわけですが、すべてのものに根拠がないのなら、「それは間違っている」と言える根拠もなくなってしまうのではないか、ということです。

したがって、「倫理についての判断はまったくできないのだ」という考え方を決定的に論《ろん》駁《ばく》することはできないとしても、本書では一応、倫理には何らかの客観的な正解とみなされるもの、私たちが客観的な正解と考えているものがあり、多くの正解と呼ばれるものはそうした客観的な正解とみなされるものを基に作られたものである、という立場を提案したいと思います。[29]再び、「存在する（実在する）」と「ある（構築されている）」の区別を持ち出すなら、存在するとみなされる何らかの倫理に基づきつつ、多くの倫理が構築されている、ということです。

●倫理の岩盤

こうした問題は、倫理の岩盤をめぐる問題とも言われます。地面をどこまでも掘っていった先には、どんなスコップも跳ね返す岩盤、その上にすべての大地が載っている岩盤、すなわち、あらゆる倫理を創る上で参考にすべき倫理が存在しているのでしょうか。それともそんな岩盤のようなものは一切存在しないのでしょうか。

ここで、前章で見た、倫理の理解を思い出しましょう。そこでは重要性基準、理想像基準、行為基準、見方基準という四つの倫理の理解を挙げました。[30]これらは、実は岩盤をめぐる考え方の違いと捉えることもできます。

29　もちろん、納得がいかないという人もいると思います。そういう人は懐疑論および道徳の存在論について、ぜひ勉強してみてください。

30　マッキーは狭い道徳の理解と広い道徳の理解として、人間性基準、行為基準に近いものを取り上げています。

たとえば、理想像基準を採用する人々は「私たちにとっての理想」という部分が、倫理の岩盤を形成していると考えます。あらゆる倫理の取り決めはここから考えられねばなりません。ですので、ヒト胚の遺伝子操作を行ってもいいかという問題についての取り決めを創る場合、そのヒト胚は私たちの理想に近づく仕方で扱われねばならないという、取り決めが基本線となるでしょうし、特にそれが胚の段階ではあれ、これから人間になるもの、あるいはすでに人間であるものとみなされるなら、その胚にとっても理想的なものでなければならない、ということが言われるかもしれません。

他方で、重要性基準を採用する人々は基本的に、人間にとっての理想という基準はまだ岩盤に達していないと考えます。なぜ理想に配慮した取り決めを創らねばならないかと言えば、それは私たちが「理想に近づく」ということを、深刻で重要な事柄であると考えているからです。

それに対し、行為基準や見方基準をとる人々は、まったく違った立場をとります。この基準ではそもそも、あらゆる行為、あらゆる世界の見方は最初からすべて倫理的なものです。したがって、倫理とは取り決めによって創られるものであるという発想は、そもそも両基準においてはありえません。取り決めをすること自体が人間の行為であり、倫理的な営みの一種なのですから。

また、見方の倫理においては、「ヒト胚の遺伝子操作を行ってもいいか」のような問いの切り取り方自体が、そこに至るまでの様々な文脈、背景をすべて捨象《しゃしょう》して、問題を特定の時間の実験室の科学者とヒト胚の間のものとして見せてしまう点で、問題含みなものであるという指摘がなされるかもしれません。

たとえば、「これから人間になろうとしているものが、他人の手によってその在り方を決められてもいいか」と問うなら、問題は異なる相貌《そうぼう》を見せます。そしてこの問い方でも、「人間」や「他人」というものを私たちがどう捉えているか、私たちにどう見えているか、というところが、すでに倫理を反映したものになっています。

私たちはどのように生きてきて、どのような歴史を持っていて、人間というものについてどのような理解を形成してきたのか。倫理の問題は現に問われている問題のはるか手前から始まっています。そのため、見方基準における倫理の岩盤は私たちと世界とのかかわりあいそのものであると言えるかもしれません。

したがって、倫理をどのようなものと理解するかによって、どこに岩盤があるか、それはどんな岩盤か、といったことは変わってきます。しかし、共通の要素もあると考えられます。

それは、岩盤に対する態度、倫理に対する態度です。それらはいずれも、先の思い込みの箇所でも見たような思い上がりと卑下、思い込みと無気力を避け、誠実に謙虚に正しいことに向き合うことを要求します。

しかし、なぜそのような態度は必要なのでしょうか。正しいことはそんなに大事でしょうか。次章ではバーナード・ウィリアムズとリチャード・ローティという二人の哲学者の考え方を導きの糸としつつ、その点を探究してみたいと思います。

第二章のまとめ

さて、本章では、倫理の問題に対する正解について、なぜ客観的な正解があると思い込んでしまうのか、逆に、なぜ客観的な正解がないと信じてしまうのか、ということを見てきました。マッキーは、投影と人生の意味という観点から、私たちは誤って客観的な正解があると信じ込んでいるのだと述べました。他方、レイチェルズは、心理学、相対主義、証明の不在という三点から、私たちは誤って客観的な正解がないと信じ込んでしまうのだと主張しました。

これについて本書では、どちらも一理あると言わざるを得ない主張であり、どちらが間違っているというよりも、私たちは現にそうした思い込みをもってしまうことがある、と述べました。正解が客観的なものに見えてしまうこともあれば、正解などないように見えてしまうこともある。それ自体は避けようがないことですが、自分の意見の過大評価や他者の見下しという態度をもとにそうした思い込みに囚われていないか、その点については反省的になることができます。自分の都合で倫理について歪めた見方をしていないか、そのことに自覚をもつ必要があるということです。

また、正解が実際に存在するかどうかということを論じるには別の論証が必要であるということで、本書では深入りを避け、以下のことを述べるに留めました。多くの正解は私たちが構築したもの、創り出したものであることは間違いありません。しかし、それは何らかの基礎的な倫理、岩盤となるような倫理に基づいていると考えることができるのではないか、そうした倫理の岩盤に向ける態度の如何こそ、客観的な正解について考えるということにおいて問われているのではないか。

次章ではこうした正解に向ける態度について、さらに検討していきます。

第三章◆倫理の問題と真理

「正解を求めることはそんなに大事？」

R. RORTY

C. TAYLOR

M. FRICKER

B. WILLIAMS

前章では、私たちが倫理の問題の正解について、どんな思い込みをどうして持ってしまうのか、マッキーとレイチェルズという二人の倫理学者の考え方に依拠しながら見てきました。そこでは最終的に、どちらの思い込みも私たちが陥りがちなものを示しているということ、可能な限りでそうした思い込みを避けようとすること、正しいことに誠実に向き合おうとすることが重要なのではないかと述べました。しかし、私たちはそれに対して、いくぶん斜に構えながら、こう問うことができます。なぜ、そのような正解、もっと言えば倫理における真理に対する誠実さは必要なのですかと。

本章の主題は、そうした誠実さの根拠はどこにあるのかというものです。このことを通じて、引き続き、倫理の問題とその正解というものに対して、私たちはどのような態度を向けるべきなのか、ということを考えていきたいと思います。その際、前章よりも少し具体的な問題にも触れ、真理に向ける私たちの態度がどんな現実の問題とつながっているかも述べていきます。

・本章の問題

倫理の問題における真理や正解に対して、私たちはどんな態度をとるべきか

3・1　真理と誠実さ

２０１６年、「ポストトゥルース」（post-truth）という言葉が話題になりました。この「ポスト」は後とか次とかを表すものなので、直訳すると「真理の後」、その意味するところは、「世論の形成にとって、客観的な事実などというものよりも、感情や個人的な信念への訴えかけの方が、影響力を持つ、という事態を指す」（*Oxford Dictionaries* より）というものです。

あるいは、ニューヨークタイムズ紙で長く書評委員を担当し、ピューリッツァー賞も受賞したミチコ・カクタニは２０１８年に『真実の終わり』（*The Death of Truth*）という書籍を発表しましたが、そのなかで彼女は「ここ数十年で、客観的なものは、あるいは、手に入る限りの最善の真実を確かめようと望み得るという考え方自体が、支持を失っていった」（同書12頁）と述べました。ポストトゥルースの現代社会において、人々は客観的に正しいことなどに関心を持っておらず、もっと個人的なものにしか興味をもっていないと言うのです。

もしそのことが正しいなら、前章で私たちが見てきたことはまったく徒労となってしまいます。マッキーとレイチェルズは、客観的な正解は存在するか、私たち自身で創るしかないのか、といったことを巡って議論していたわけですが、人々は、そもそも倫理の問題に正解しようという気がないかもしれないのです。そうであれば、仮に正解が存在するとしても、そもそも客観的な正解なんてどうでもいい、興味がない、私は私の好きなようにやる、ということになるでしょう。

いかにして、このような時代がやってきたのか、本当に現代の人々はそう思っているのか、ということは歴史学や政治学、社会学の領分なので、ここでは深く立ち入りません。むしろ、倫理学の観点から、本当に、客観的に正しいこと（以下では真理と呼びます）は、関心を払わなくてもよいようなものなのかを考えてみたいと思います。

もっとも、倫理学者や道徳哲学者が「真理など気にかけなくていい」「正解にこだわらなくていい」なんて言うはずがない、答えは見えている、どうせ真理は大事だって言うんでしょ、と皆さんは考えるかもしれません。確かに、哲学とはいかにも真理を探究する学問である、とも考えられます。誰かが言うことを鵜呑みにするのではなく、本当のことを知ろうというのが「哲学（フィロソフィー）」の語源でもある「知を愛する」という態度であり、それこそ哲学に求められる姿勢だというのは確かにその通りです。

あるいは、倫理学において「本当のことを告げる」ということについて言うのであれば、たとえ友人の命を助けるためであっても、嘘をついてはならないというカントの主張はよく知られています。本当のことにこだわって偽りを避け、いつでも本当のことを告げようとするべきであるという主張は、倫理においてしばしば聞かれるものの一つです。

しかしながら、哲学や倫理学の研究者のなかにも、真理にこだわることは必ずしも重要ではない、真理にこだわることよりももっと大事なことがあると主張する人たちがいます。彼らに言わせれば、真理というのは決してたどりつくことができない何かです。特に、倫理的な事実について言えば、どれだけ追い求めてもなお、それが本当に真理であるとは確信できません。

したがって、私たちにはどこまでいっても本当にこれで正しいのだろうかという疑念がつきまといます。そのため、真理はなんだか分からないのだから、真理の追究にこだわるよりも、まず身の周りの人を大切にすること、彼らのために何ができるかを考えること、彼らと何が同意できて何が同意できないのかを決めていくこと、そうしたことを倫理の活動の中心においていかねばならない、そう述べる人々もいます。

前章で登場したマッキーも、そうした立場をとる人の一人でした。本章ではまず新たにリチャード・ローティという人物の考え方を紹介したいと思います。そしてその次に、ローティに反対して、やはり真理にこだわることは大切だと主張する考え方について検討してみたいと思います。

３・２　真理の探究など不要

最初に見ておきたいのは、真理の探究はもっとも重要なことというわけではない、という考え方です。真理について考えることがまったくの無駄というわけではないとしても、私たちにはもっと大事なことがあるのではないか。特に倫理において、遠くにあって目に見えない絶対的な真理を探し求めるよりもまず、身の周りをよく見てみた方がよい。そうして、少なくともお互いが納得できる、という地点を目標とした方がよい、そういう考え方です。

そのように、真理にこだわるよりも大切なことがあると主張した論者として、リチャード・ローティ（１９３１‐２００７）がいます。彼は、現代アメリカを代表する哲学者の一人でプラグマティズムの立場をとった論客として知られています。哲学以外にも政治学などについても、様々な発言をして多くの著作を残し、広く活躍した人物です。

彼は『偶然性・アイロニー・連帯』という著作の中で、哲学や倫理学において真理や正解というものにこだわる人たちは大事なことを見落としていると主張します。[31] 正解にこだわるという態度は現に傷ついている人を前にして、「なぜ人を傷つけてはならないのだろうか」

という問いを立てて、それに対する十分な根拠のある理論的な解答とは何だろうか、と考え始めるようなものです。自分の行動が道徳的に絶対に正しい正解かどうか、そんなことを気にするよりも、「つらかったね」と目の前の人に声をかける方がよっぽど大事でしょう。そして、それは「人に優しくするのは良いこと」というのが真理だから、正解だから、優しくする、ということではありません。ただ、目の前の人が傷ついているから、その人が助けを必要としているから、なのです。

　実際のところ、優しくすることを絶対的に正当化する必然的な根拠などありませんし、必要もありません。ただ、目の前の人は助けを求めており、私たちはその人を助けたいと思う。確かに、それは偶然でしかなく、すべての人にそれを期待することはできないかもしれない。それでも、私たちの多くは自分たちの良心の声に従うし、子どもたちを優しい性格に育てようとする。これまでもそうやってきたし、できるかぎりそれを続けていく。それ以上の反省や、真理の探究など不要だとローティは言うのです。したがって、正解探しなんかよりも、

31　なお、ローティは厳密には、哲学における真理全般を論じているので、本書のように倫理や道徳における真理だけを論じているわけではありません。

誰かが困っているのではないか、彼らをどうすれば助けられるか、ということに対する感受性を持とうとする方がずっと重要なのです。

●真理を気にしなくても大丈夫？

しかし、真理にこだわることをやめると、私たちの生活はどのようになるでしょうか。それこそ、嘘をつくことに抵抗がなくなり、フェイクニュースが溢れる不確かな情報のなかで暮らさねばならなくなりそうな気もします。

ローティはしかし、そんなことにはならないと考えています。たとえば、真理にこだわる人たちの方こそ、真理を外していることを恐れるあまり、自分は真理にたどりついているということに固執しがちです。そして自分は絶対的に正しい、相手は間違っている、と自分勝手な判断を下して、決して誤りを認めません。

他方で、真理かどうかにこだわるのをやめれば、私たちは自分の考えが絶対に正しいという考えを離れることができます。私たちの答えは常に暫定的なものでしかありませんし、それを自覚すると、結果として、より謙虚になることができます。それはインターネット上でよく見られるような、自分を絶対的に正しい正義と思い込んで、相手に誹謗中傷の言葉を投げつける態度とはまったく異なっています。

また、このことは同時に、常識と言われるものに疑いを抱く姿勢にもつながります。普段、私たちの社会のなかで常識というものは非常に強い力をもち、あたかも絶対的な真理であるかのように君臨しています。「普通はそんなことしない」とか「それって常識外れだよ」という非難の言葉の影響力を考えると、まさに常識が正解を決定する力をもっているかのようです。

もちろん、常識が役に立つ場面も多々あります。共同生活を営むに当たって、あまりにも常識に外れたことばかりされると困ってしまいます。しかし、常識が凶器となって誰かを傷つけてしまうこともあります。そんな格好をするのは常識外れだといって服装の趣味などを否定された人は、これから先、自分の好みを押し殺して周りに合わせた無難な服だけを着るようになってしまうかもしれません。

常識は何かに明確に書かれたものではなく、ふわっとしたものなので、個人や集団の解釈によって濫用されがちです。気に入らない誰かを排斥するためにも、常識という言葉は使われてしまうのです。

他方で、真理にこだわらない人は、常識が真理でありいつでも正解を提供してくれる、などとは考えません。むしろ、自分自身の考えも常識も、絶対的なものではないと分かっているからこそ、あらゆる書物や人の言葉を助言として謙虚に受け取ることができるようになります。そうして現在可能な限りでより良い考えを生み出そうという希望を抱くのです。

したがって、真理へのこだわりを捨てたとしても、嘘への抵抗が減るわけではありません。むしろ、自分の発言は的外れかもしれない、だからこそ、少しでもより正確なことを言うように心がけよう、というふうに考えられるはずだ、そうローティは考えるのです。

●私たちと世界の偶然性、傷つきやすさ

さらに、真理や正解にこだわることをやめた場合、より重要なこととして、私たちは、自分たちと自分たちの世界の偶然性と傷つきやすさを意識するようになります。というのも、「自分たちのしていることが本当に正しいことかどうか分からない」と認めるなかで、私たちは現在正しいと思われているものが偶然の産物でしかないと認めることにもなるからです。前の項でも述べたように、人に優しくすることは唯一絶対の正解ではありません。私たちはたまたま困っている人を見捨てられないだけです。

少し複雑なので順を追って説明していきます。まず「人を傷つけてはいけない」が必然的

な真理などではなく、人々によって偶然、守られているルールに過ぎないと強く意識してみてください。私たちの平穏な生活は悪漢のナイフ一つで、友人の心無い裏切りの言葉一つで、簡単に失われてしまいます。それは今のあなたには起きていないかもしれません。しかし、それが起きていないのは偶然に過ぎません。明日にはどうなるかわかりません。今日は偶然起きなかったかもしれませんが、明日はそれが起きるかもしれないのです。

自分たちを守ってくれているものが、絶対的なものではないことを理解したなら、私たちはいやおうなく自分の体と心の脆弱さを意識させられます。ローティはジョージ・オーウェルの『１９８４』を引いて次のように述べます。

> オーウェルのおかげで私たちが理解できるのは、ヨーロッパにおける支配権が、虐げられた者たちを憐れみ、人間の平等を夢見る人々の手に渡ったのはたまたま生じたことであり、世界がそうした感受性や観念をまったくもたない人々によって支配される羽目に陥る事態もたまたま起こりうるということである。
>
> （『偶然性・アイロニー・連帯』382頁）

『１９８４』の世界はこの世界とは違う歴史をたどり、そこでは全体主義の国家が世界を支配しています。人々の生活は監視されていて自由はなく、党に逆らえば考えを改めるまで拷問を受けることになります。

この作品はフィクションですが、無視できないリアリティをもっています。すなわち、ほんの少しの偶然で、そちら側の世界が現実になっていたかもしれない、と思わせる力をもっています。私たちは、そして私たちの社会はそれだけ脆弱なものの上に立っています。現在の世界がそうなっていないのは、たまたまそうだということに過ぎません。しかし、その偶然性と脆弱《ぜいじゃく》性から目を背けて、必然的で普遍的な真理としての人権や、人間性なるものを発見しようとすることは、結局、ありもしない何かを探して路頭に迷うことを意味します。

私たちは自分たちが今いるところから——周りの人たちが置かれている状況を想像し、彼らが苦しんでいるなら、その苦しみを減らしたいと願うという、私たちがたまたま今、もっているその感覚から——そうした人権や制度を創っていくことしかできません。そして、それらには絶対的な根拠などないからこそ、その制度が十分なものかを常に疑い、それをなんとかして維持し更新していくのです。

したがって、ローティに言わせれば、重要なのは、まず、真理や正解にこだわるのをやめること、たとえ自分自身の言葉であっても、常に決定的なものとは考えないことです。その上で、謙虚に他人の言葉や様々な書物などから学びながら、今の自分から手の届く範囲の人々の間で「連帯」を結んでいくことこそもっとも大事、となります。

私たちに必要なのは、いつかは真理のもとで悲劇のない永遠に正しい社会が生まれるという希望にすがることではありません。そんな真理はどこにもないのです。直接に苦しみや残酷さと向き合い、それらを減らせる社会と制度を人々の間の同意に基づいて創っていくことこそ、私たちがなさねばならないことなのです。

3・3　真理の探究はやっぱり大事

さて、ローティが言う通り、私たちは真理へのこだわりをきっぱりと捨てた方がいいのでしょうか。そうとも限りません。真理を探究し、それをもとに人と対話していくことには、他では代替できない、欠くことができない何かが含まれている、そう考えることもできます。そこで、本節ではそうした考え方として、信頼ということから真理を追究することの大切さを説く考え方を見ていきたいと思います。

とはいえ、少し長い紹介になりますので、先に結論を述べておきましょう。こちらの立場は、真摯に真理を探究し、他者にも誠実に真理を告げようとすることが、結果として、自分自身を信頼に足るものとし、アイデンティティを確立したものにしていくことにつながると主張します。

逆に言えば、真理を蔑ろにする人は、他人から信頼されず、自分自身も信頼できなくなり、自分を見失ってしまいます。他者の苦しみと向き合うことももちろん大切ですが、そもそも自分と向き合うことができていなければ、その苦しみにともに立ち向かうことはできないのです。

こうした考え方を説いた人物として、以下ではバーナード・ウィリアムズの考え方を見ていきましょう。

●ウィリアムズと現代の哲学の根本的な問題

現代の倫理は自分の個性を大事にしよう、自分に正直であろう、他人とは違うあなたの個人的な気持ちを大事にしよう、と「自分」を強調する傾向にあります。「今のこの私」を中心とする考え方は、前節でも見たように、「いつでもどこでも誰にでも」がキーワードの「客観的な」真理、正解とは相性の悪いものです。自分自身を中心として、今のこの私の手の届く範囲で、私らしいやり方で、私の好きな人々を幸福にする、それで十分。それが正解かどうかなんてわからない。このタイプの倫理において大事なのは「個性の発揮」です。

イギリスの哲学者バーナード・ウィリアムズ（１９２９‐２００３）は、こうした客観的な真理と個人的に大切なものの相克を生涯の研究テーマにしてきた人物でした。ローティは彼のことを、（２００２年当時）存命のイギリスの哲学者のなかでもっとも偉大な人物であり、誰よりも深く、誰よりも正当に、仲間たちの賞賛を集めてきた哲学者、と書き残しています。[32]

ウィリアムズはオックスフォードでヘアを指導教員として教育を受けましたが、思想的にはフットやアンスコム、マードックから強い影響を受け、後にはヘアを徹底的に批判する立場をとりました（ヘアは晩年の回顧録においてウィリアムズを、自分の弟子にしてもっとも手強い批判者と評しています）。特にアンスコムからは、哲学は勉強ができるとか頭がいいとかいうことだけではできないものだということを学んだと述べています。

32　*London Review of Books* (2002) より。ウィリアムズの著作の書評なので、少し褒めすぎている感もありますが、ローティ曰く、「これは大げさではない」そうです。

デカルト論からオペラについての論考まで、様々な著作を発表したウィリアムズですが、その遺作は *Truth and Truthfulness*（2002）というタイトルの本でした。その冒頭部で彼は次のように述べます。

> 現代の思想と文化には、非常に顕著な二つの理想の潮流がある。一方には、信実に対する強いコミットメントがある。……しかしながら、この信実への要求とともに、真理それ自体への疑いもまた同じように拡がっている。（同書1頁）

ウィリアムズによれば、私たちの心の中には騙《だま》されたくない、嘘をつかれたくない、本当のことを知りたい、という強い気持ちがあります。それゆえに、人々は互いに本当のことを偽りなく語ろうとすること、すなわち信実（truthfulness）という態度を求めます。しかし、その一方で、真理などどこにも存在しないのではないか、と強く疑っています。この疑いは、真理の探究よりも、自分らしさを表現することの方がより重要だという考えを人々に抱かせます。

このように、一方で真理を求め、他方で真理を疑っているのが、私たちの置かれた状況です。そして、この状況をどのように考えればいいのかが、今日の哲学の根本的な問題である、と彼は述べました（なお、ローティはウィリアムズが1985年に書いた『生き方について哲学は何が言えるか』を引用して、彼を自分の味方だとみなしています。しかし、この2002年の著作ではウィリアムズはローティを名指しで明確に批判しています）。

●真理を求めるとはどういうことか

では、あらためてこの状況と、ウィリアムズが言うところの根本的な問題を私たちはどう考えたらよいでしょうか。ウィリアムズは、真理を求める態度が結果として、自分らしい生き方につながると示そうとします。具体的に見ていきましょう。

ウィリアムズはまず、真理を求め、尊重するとはどういうことかを思考実験を通じて考えます。そこでは大きな国家は存在せず、人々は小さな社会を形成し、互いに言葉を交わしあっているとします。そうしてしばらくすると彼らはより良く生活をするために、正しい情報を得ようとし、お互いに自分が本当に正しいと信じているものを伝えあおうとするに違いない、とウィリアムズは述べます。それぞれが正しいと信じるものを伝えあうことで、互いのもつ情報を共有しようとするのです。これが真理を求めるということの出発点であるとウィリアムズは考えます。
彼はこの真理に向ける態度のことを信実（truthfulness）と呼びますが、この信実という態度は情報を正確（accurate）に入手しようとすることと、誠実（sincere）に伝えようとすることから成り立っています。

真理を重視する態度　＝　信実
・正確さ：正しい情報を手に入れようとする
・誠実さ：自分が本当に信じているものを伝えようとする

信実において必要なのは、単に場面に応じて正直にものを言うだけでなく、いつでもそのように発言し振る舞うような性格の人になることです。というのも、本当のことを言うのと嘘を言うのとでは、どちらが自分の得になるか、と考えて、自分の得になるときだけ本当のことを言う、という人は、真理に対する信実の態度をもっているとは考えにくいからです。

ともあれ、この正確さと誠実さを合わせて考えるなら、真理を正確に入手し、正直に相手に伝えようとすることが、信実という態度を構成していると言えます。逆に言えば、適当で曖昧な情報で満足したり、自分が信じてもいないことを言ったりする人は、信実の態度をもった人とは言えません。それゆえ、真理を求め信実であるためには、幻想や願望に抵抗しなければならない、とウィリアムズは述べます。現実を直視せずに歪めて捉え、自分に都合のよいもの、自分の見たいものだけを見ようとすること、それは真理を求めることとは正反対の在り方とされます。

●なぜ誠実であることは必要なのか

では、どうして正確さと誠実さは必要なのでしょうか。先に誠実さから見ていきましょう。ウィリアムズに言わせれば、基本的には、それは人間という生物の目的とニーズにとって必要だからです。

もう少し詳しく見てみましょう。先の思考実験と同じように、現実でも人間は社会を形成します。そのなかで他者とともに生きていくには、情報を互いに伝えあうことが必要不可欠、ということが議論の出発点になります。社会のなかで、そうした情報を伝えあいながら、自分自身のニーズを満たし、様々な目的を果たしながら生きていくためには、周囲の人々を信頼し、また人々の信頼に値する人間にならなくてはなりません。そして、信頼される人は誠実な人であり、信頼に値するためには誠実でなくてはなりません。周囲の人たちの信頼を裏切り、信頼を濫用するから、嘘は道徳的に悪い、ウィリアムズはそう述べます。

しかし、仮に自己本位な嘘、相手を騙して自分が得をしようとする嘘がそうしたものであったとしても、すべての嘘が道徳的に悪いものなのでしょうか。実際、優しい嘘という言葉が示すように、相手のことを思ってつく嘘には、許容されるものもあるように思えます。あるいは、先に述べたように、友人の命を救うための嘘は、許されてもいいのではないでしょうか。

もちろん、個別の場面ではそういう場合もあるかもしれません。しかしそれでも、ウィリアムズは次のように述べます。

> たとえ嘘が相手のための良い理由からのものであったとしても、私は誠実に語ったなら与えたはずのものを、すなわち、事実に対して自分自身のやり方で応答する機会を与えず、代わりに私の意志の産物である世界の像を与えることになる。そうすることで、

私は彼女を自分の力のうちにおき、その自由を奪う、あるいは制限するのだ。
（Truth and Truthfulness 118頁）

ウィリアムズに言わせれば、相手に幻想を与え、当人自身が真理を求める機会を奪ってしまう点で、嘘はやはり許されないものなのです。それは相手には自分で現実と向き合う力がないのだと決めつけ、成長の機会を奪うことにもつながります。

また、都合のいい幻想を与えてしまうという問題は、他人との関係においてだけでなく、自分自身についてのものでもあります。現実から目をそらし、いろいろなことを自分の都合のよいようにごまかし続けてきた自覚がある人が、どうして自分自身を信頼できるでしょうか。自分自身を信頼できない人が、どうして自分を肯定し、自分を尊重しながら生きていけるでしょうか。

ウィリアムズは、倫理的にきわめて重要なものとして、私たちには名誉と恥の感覚があると言います。嘘が露見すると、私たちは他者からの尊敬を失い、恥じ入ることになります。隠し通せたとしても、信頼を裏切ることは罪悪感を生み出します。そして、自分は決して名誉に値しないという思いに苦しむことになります。こうした恥や罪の意識は自尊心を失わせ、結局、自分自身が自分らしく生きようとする気持ちを蝕《むしば》んでいきます。したがって、誠実であることは、現代のような個性、自分らしさが重視される時代にあっても重要な性格である、とウィリアムズは主張するのです。

●なぜ正確であることは必要なのか

では、正確さの方はどうでしょうか。こちらもまた、まわりまわって自分自身の問題へ戻ってきます。順に見ていきましょう。

ウィリアムズによれば、正確さが必要な理由は、根本的には、私たちは自分たちの目的やニーズに基づいて、未来へ向けた様々な探究を行うからです。そして、私たちが時間や労力などのコストを払ってそうした探究をなそうとしたとき、そこでは事態の正確な把握が不可欠であるからです。

しかし、正確さを求めることは、誠実さ以上に、真理の希求につながっている、とウィリアムズは述べます。というのも、「きわめて重要なことに、正確さの徳は、願望、願望の産物、自己欺瞞《ぎまん》の産物に抗して信念を守り支える性向と戦略を含む」（同書125頁）からです。

要するに、正確さは自分の都合によるごまかしなどを避けて真理をそれ自体として求めることであり、「正しく理解しよう、ちゃんとしよう」(getting it right) という情熱なのだと、ウィリアムズは論じています。正確さという徳は、単に事実として正確なことを調べたり言ったりするということにとどまらず、真理を大事に思い、それがゆえに正確に語ろうとする態度を指しています。

それゆえに、正確さもまた、名誉、良心、責任、自己尊重などにかかわってきます。つまり、不明確なことや確信のもてないことを適当に言う態度は、自分の名誉を傷つけ、良心に反し、共同体のなかでお互いに課しあった責任を果たさないことを意味します。それは結局、自分自身を傷つけるのです。

ウィリアムズは、正確であろうとすることは、様々な仕方で妨害を受けると述べました。たとえば「分からない」ということがあります。世の中には少し考えただけでは分からない難しいことがたくさんあります。その際、分からないからこそ正確に理解しよう、となればよいのですが、むしろその反対で、難しいし、分からないから、まあいいかとか、少し知識を得ただけでもう十分知った、などと思い込んでしまうことがよくあります。

実際、インターネットやワイドショーなどで綺麗に単純に編集された「分かりやすい」情報ばかりに人々が流されてしまうことの危険性も、近年指摘されている通りです。あるいは、知らないことを尋ねられたときに、つい知ったかぶりをしてしまった、という経験は誰にでも身に覚えがあるでしょう。こうしたことは、正確に知ろうとする態度の妨げになります。

他にも、ある信念が真であることを、その内容ではなく、「それが私の信念である」という理由で信じてしまう場合もあれば、ある信念が真であることを、その内容が真であってほしいがゆえに、信じてしまう、という場合もあります。他人の考えよりも自分の考えの方を、たいした根拠もなく、正解に近いと思ってしまったり、そうあってほしいという願望から、あることが本当のことであるに違いないと思ってしまったりもします。

こうした態度は、いずれも自分を過信する傲慢さや、自分の無知に見て見ぬふりをする欺瞞へと容易につながっていきます。したがって、正直さや正確さを欠くことは、真理を粗末に扱うことを通じて、自分自身を雑に扱うことにつながっています。

以上のウィリアムズの話を簡単にまとめておきましょう。真理に対して信実の態度をもつことには、誠実さと正確さという二つの態度、性格（徳）を身につけることが含まれます。

誠実さは、私たちがともに信頼しあって生きていくために必要な性格の特徴です。信頼を裏切ると罪悪感や恥の感覚が生じます。正確さは、私たちが探究をしながら生活していく上で必要な性格の特徴です。願望に流されるとこの態度は容易に破壊され、傲慢や欺瞞が生じます。

誠実さと正確さをもって、お互いを、そして何より自分自身を信頼することで、私たちは自分自身のニーズを満たし、自分で掲げた目的を達成し、他でもない自分自身のアイデンティティを確立していくことができます。そのために、私たちは真理を気にかける必要があるのです。

真理を求める態度　＝　信実さ（正確さ・誠実さ）

・信実という徳を身につけ、情報を正確に入手し、人に誠実に語ることではじめて、私たちは自分自身を信頼し、自尊心をもって自分らしさを追求できるようになる。この徳を欠くと、名誉を失い、恥や後悔、罪悪感に苛《さいな》まれることになり、自分らしく生きることは難しくなる。

●「本当の私」

さて、ウィリアムズは、思考実験の例から、原理的には、真理に向ける信実という態度は自他への信頼に基づいて説明ができると言います。しかし、現実の世界はそう単純ではないとも、また認めています。

たとえば、歴史的には、「本当の」(authentic) という概念が登場して、事態は極めて複雑になりました。オーセンティックという言葉は、その他の似たようなもの、紛い物と区別して、本当の、本物の、正統な、本格的な、などを意味しますが（たとえば、オーセンティック・バーと言えば、重厚なカウンター、落ち着いた雰囲気、正装をしたバーテンダーがいるバーを指します）、18世紀以降、この概念は、「私」というものにも適用されるようになった、とウィリアムズは指摘しています。つまり、人々は、表面上の私の背後に「本当の私」というものが存在しているのではないか、と考えるようになったということです。一時期、流行ったいわゆる自分探しの旅も、こうした本当の私を探す道のりというイメージだったのかもしれません。眼鏡を外すと本当の私デビュー、というコンタクトレンズのＣＭもありました。

「本当の」という概念は、真理に向ける信実という態度と一見、相性が良いようにも見えます。自分を騙したり、他者の前で演技をしたりするのは、信実を欠くように思えます。しかし、問題は、本当の自分なるものが、道徳的に良いものとは限らないこと、さらには一貫したものとは限らないことです。

本当の私は、道徳的な束縛から解き放たれた、他者を顧みない、自分勝手なものですらあるかもしれません。あるいは、矛盾したことを望んだり、日によって信じるものが違うようなものだったりするかもしれません。歴史的には、真の自己、本当の自分を示すことは、いつしか、誠実の徳から切り離され、道徳や倫理の側からは自分勝手さ、エゴの発露とみなされるようになっていったのだ、とウィリアムズは述べます。

そしてこのことは、本当の自分を大切にしたいと思っている人たちから道徳が疎まれる契機にもなりました。道徳は、本当の自分が心から欲するものを追求することを妨げる拘束であり、お節介者のお説教、自由に生きようとする私たちの足を引っ張るものと理解されたのです。

こうして、元来、原理的には、自他からの信頼に値するということを通して、道徳的なものとつながりを持っていたはずの真理へ向けた信実という態度は、本当の自分という考え方の登場によって、一気にうさんくさいものとみなされるようになったのです。

●テイラーの「ほんものという倫理」

ウィリアムズも当該箇所で引用している政治哲学者、チャールズ・テイラー（1931-）もまた『〈ほんもの〉という倫理』（1991）という著作の中で、この「本当の」という概念について、検討しています。

テイラーによれば、唯一絶対の真理は存在しないという考えは、現代の人々によって広く信じられるにつれ、徐々に他人の道徳に口出しをすべきではないという考え方と結びついていきました。その結果、自分自身に対して「本当」であることこそが、そしてそれだけが、私たちの目指すべき理想と考えられるようになりました（第二章でレイチェルズが、正解が存在しないと思い込んでしまう態度を相対主義と結びつけていたことも思い出してみてください）。

要するに、人々に共通の客観的な正解は存在しないんだから、他人への口出しはやめて、自分のことだけ考えればいいよ、本当の自分がしたいことだけをしなよ。そういう倫理観が人々の間に蔓延していった、ということです。こうした「本当の自分」を唯一の理想とする現代の考え方は、ともすれば「自分自身に忠実であれ」「私らしさ」「自分のやり方で人生を送る」「やりたいようにやれ」といった標語で表され、明に暗に称揚されます。

しかし、テイラーに言わせれば、こうした自己完結的でナルシシズム的な在り方は、結局のところ、底が浅く、陳腐なものです。それは、「本当の私」を求めることが悪いというわけではありません。そうではなく、彼が言いたいのは、そのやり方では本当の私は手に入らない、ということです。

テイラーの考えでは、本当の私、アイデンティティは、むしろ、自分を超えたもの、他者、そういった新たな地平との関係によってしか、見出すことができないものです。私たちは、自分とは違うもの、異質なものとの出会いによってこそ、自分を知ります。他者とのぶつかり合いのなかで生まれたアイデンティティは強固で、私たちを導く指針ともなります。

たとえば、予想とは違うところから意見を投げかけられたとき、少し厳しい批判的な意見を投げかけられたとき、私たちはあたふたしながら、しどろもどろの回答をするかもしれません。しかし、後で振り返ってみたなら、その精一杯の回答のなかには、普段の自分の口からは出てこないけれども、何かしっくりくるような言葉が含まれていた、ということは往々にしてあるものです。

そのような他者との出逢いは、私たちの「自分はこんな人間だ」という自己理解の殻を破り、新たな自分への気づきをもたらしてくれます。それは本当の自分の可能性、自分にはこんなこともできたんだ、という発見を通じて、自尊心と自己肯定感を得ることにもつながっていくのです。

しかし、ナルシシズム的な「本当」の理想のなかではそうした出会いは歪められてしまい、他者は自分自身の承認欲求を満たすだけの道具として消費されてしまいます。自分自身が褒めてほしいところだけを的確に空気を読んで褒めてくれる人たちとだけ付き合っているのでは、現在の自分の自己理解が自分の願望に基づいて塗り固められていくだけで、自分の本当の良さに気づくこともできません。

私たちの身の周りの人々は、自分の欲求を満たすための単なる手段ではありません。むしろ、ときには厳しいことも言う、自分の思い通りにはならない人々との深い交わりのなかで、「本当の自分」も生み出されているのだと気づく必要がある、とテイラーは説くのです。

ウィリアムズもまた、自分一人で、確固とした自分のアイデンティティ、自分らしさを保持することはできないと考えていました。実際のところ、自分自身にとっても自分という存在は透明ではないし、常に首尾一貫した自己などというものは存在しません。私たちは他者と相互にかかわりあいながら、自分という比較的安定したアイデンティティを作り上げていく他ないのです。そして、このとき、願望と空想に流されず、それらに抵抗する信実という態度がないと、結局のところ、安定した自己を得ることはできず、最終的にはそれは倫理的、社会的な悲劇につながってしまうのです。

3・4　認識的不正義

ここで少し、脱線気味になりますが、現代社会において信実という態度とアイデンティティの関係を気にかけ、ウィリアムズの路線で真理を追究する考え方について、もう少しだけ述べておきたいと思います。フェミニズムの哲学、非難、差別の研究などを中心に活躍しているイギリスの倫理学者にミランダ・フリッカー（1966-）がいます。彼女は、学生時代にオックスフォードでウィリアムズの指導を受けた研究者で、現在は、ニューヨーク市立大学において、彼の理論を批判的に継承しつつ様々な研究を精力的に行っています。

フリッカーは、*Epistemic Injustice*（2009）という画期的な著作のなかで、ウィリアムズの議論を重要なものとみなしつつ、なお彼が挙げた正確さと誠実さという二つの徳では、現実の問題を考えるには足りないと論じました。それはウィリアムズが話し手にばかり注目しているためです。なるほど、正確さはともかくとしても、誠実さは基本的には対話における話し手が身につけるべき徳です。

話し手の徳と聞き手の徳

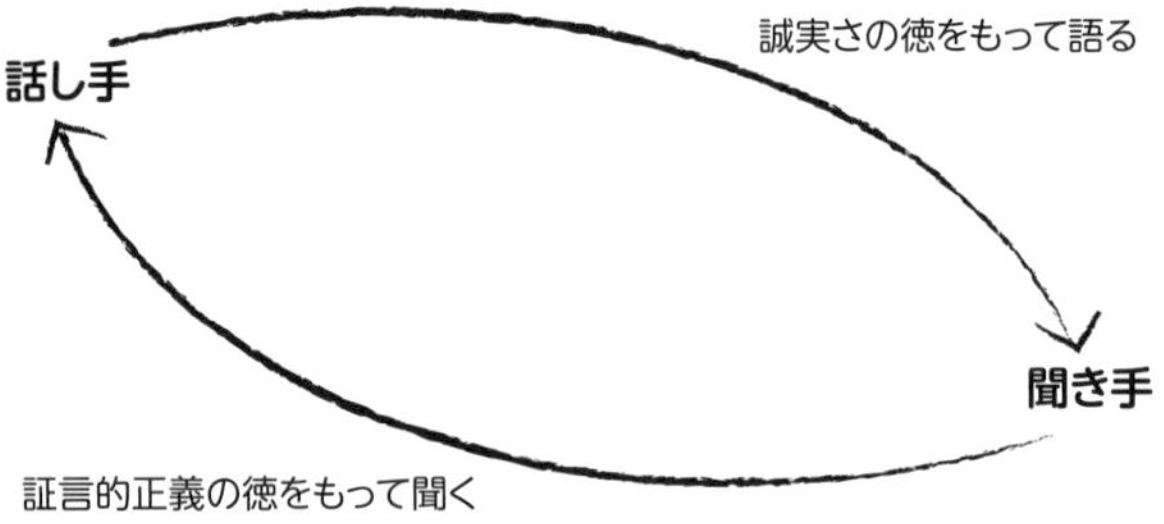

しかし、対話は話し手だけでなく、それを受け止める聞き手がいて初めて成立します。すなわち、対話を通じて知識や情報のやりとりを十全に行っていくためには、話し手だけでなく、聞き手も一定の徳を身につける必要があります。したがって、真理を巡る対話ということを考えるなら、聞き手の徳についても注意を払わねばならない、とフリッカーは論じます。

では、聞き手に求められる性格特性、徳とは何でしょうか。フリッカーはそれを証言的正義の徳と呼びました。それは基本的には、話し手の真理を語る能力を過小評価せず、相手の証言をきちんと受け止めようとするという態度を指します。この態度は真理を見失うことの回避を目指すものであり、また話し手に対する不正義の回避を目指すものです。聞き手の徳と話し手の徳の関係を図に表すと、上のようになります。

その意味では、話し手と聞き手という違いはあるとしても、そこには、対象を自分の都合で歪めてみたり、幻想を押しつけたりすることなく、真の姿を捉えようとせねばならない、というウィリアムズの精神が共通に適用されます。

●証言的不正義という悪徳

証言的正義についての理解を深めるために、そうした徳とは逆の悪徳、証言的「不」正義について考えてみましょう。フリッカーは、私たちは様々な偏見のために話し手の信頼可能性を不当に低く見積もることがある、と述べます。

たとえば、話し手が訛《なま》っていたり、たどたどしく話したりするというだけで、聞き手は、相手の話の信頼度を下げることがあります。さらに、特定の地域の出身であること、特定の人種であること、特定の宗教を信じていること、特定の年齢であること、特定の性別であることなど、様々な偏見から、聞き手は話し手の発言を十分に真剣に受け取らないことがあります。

「この人は〇〇だから、話は割り引いて聞けばいいや」「この人は〇〇だから、どうせ嘘だろう」「この人は〇〇だから、どうせ本当のことなど分かっていないに違いない」という態度で、話し手の発言を聞いてしまうこと、それが証言的不正義です。あるいは、情報さえ引き出せればいいや、という態度で、相手を単なる機械、検索エンジンのように扱うことも、モノ化（objectification）という仕方で、証言的不正義をなしています。

この証言的不正義は分類としては認識的不正義という、より大きな不正義の一部に含まれます[33]。なぜ認識的かというと、証言的不正義が発揮されているとき、聞き手は必ずしも意図して話し手を過小評価するのではなく、偏見を持っているがゆえに、実際に話し手の発言を劣ったものとして認識してしまうからです（フリッカーは、これを知覚の一種とも表現します）。

そのため、自分が偏見に染まっていることに気づかない場合、聞き手には話し手が実際にオオカミ少年に見えてしまいますし、そのため、その話し手を嘘つきのオオカミ少年として扱って何が悪い、ということになってしまいます。そうして、不正義が不正義だと気づかれないまま、温存されてしまうことが多々あります。この点は、その他の明示的な不正義とは異なる、認識的不正義のきわめて厄介な点です。

偏見に影響されないことはきわめて難しく、むしろ、何らかの先入観をもって何かに相対することは私たちの日常のほとんど一部となっています。実際、しばしば差別や偏見と結びついてしまうという問題はあるとしても、ステレオタイプなものの見方は細部を捨象して示すことによって、私たちの限りある認知能力を節約し、重要な点へのみ集中を可能にするというポジティブな要素ももっています。それがないと私たちは様々な出来事に出会うたびに、どこまでも細部が気になってしまって、上手に日常生活が送れなくなってしまいます。

しかし、まさにそうした日常性のゆえに、証言的不正義はたいして悪いことではない、と考えられてきた、とフリッカーは指摘します。そして、たちの悪いことに、話し手の側ですらそう思ってしまっている、という点にもまた、証言的不正義の難しいところがあります。あまりに日常的に偏見にさらされていると、それにいちいち過剰反応する方がおかしいのかな、と徐々に考えるようになってしまうのです。

しかも、さらに悪いことに、そのように偏見にさらされ続けることが長引くと、当人すら偏見の内容を真実だと考えてしまうことがあります。すなわち、実際に自分は真理をきちん

33　フリッカーはもう一つの認識的不正義の例として、解釈的不正義というものも挙げています。こちらは話し手と聞き手の一対一の関係というよりは、社会集団のなかで生じる差別的な扱いを問題にします（同書chap.7）。認識的不正義については、以下の著作が参考になります。佐藤邦政『善い学びとはなにか：〈問いほぐし〉と〈知の正義〉の教育哲学』（２０１９）

と伝える能力を持たないのだ、と話し手は考えてしまい、またそれに即した仕方で振る舞うようになってしまうのです（たとえば、これは知能のテストだと告げてテストを行うと、そう言われずに同じテストを行ったときよりも、アフリカ系アメリカ人たちのスコアは下がった、という事例をフリッカーは挙げています（*Truth and Truthfulness* 57頁）。彼らは知能が低い、という偏見に曝《さら》され続けた結果、自分たちでもそう思い込んでしまい、無意識にその偏見の内容に従うように振る舞ってしまうのです[34]）。

ここで論点は再びウィリアムズと接続します。聞き手の否定的な応答を通じて送られたメッセージに基づく自己認識、すなわち自分は、真理を伝える能力、あるいは真理を捉える能力を持たないという自己認識は、話し手としての徳をも破壊します。自分の言葉を誰も聞いてくれないのに、それでも正確に、誠実に語り続けようという意志を、いったい誰が持てるでしょうか。

ウィリアムズは正確さと誠実さからなる信実という態度を通じて自他を信頼することは、自分のアイデンティティを守り、自分らしく社会活動を行うことにつながっていると述べていました。それなのに、お前の言うことは間違いだ、取るに足らないことばかりだ、と言われ続けた人は、いつしか、本当に、自分は真理を知ることなどできないのだ、誰かに知識を分け与えることなどできない、取るに足らないことしか言えない人間なんだ、と思ってしまうでしょう。

フリッカーは、偏見に基づく認識的不正義は、自分は真理を知り、与えることのできる人間であるという自己理解、そしてそもそも自分が何者であるかというアイデンティティの理解にとって本質的なものを、損なうのだと述べます。テイラーが示したように、アイデンティティとは一人で形成できるものではないがゆえに、話し手がもたらす真理に対する聞き手の態度は、話し手の自己理解を決定的な仕方で毀損《きそん》してしまうかもしれないのです。

●証言的不正義と差別、暴力

証言的不正義は、もちろん、それ以外の様々な仕方でも話し手に不利に働きます。入学試験や就職試験の面接でちゃんと話を聞いてもらえないという仕方でキャリアに影響を与えてしまうこともあるでしょう。話し手が何かの犯罪などの被害者となってしまった場合に、さ

34　このことは心理学の世界では「ステレオタイプ脅威」と呼ばれています。ステレオタイプ脅威を研究した著作にクロード・スティール（２０２０）『ステレオタイプの科学：「社会の刷り込み」は成果にどう影響し、わたしたちは何ができるのか』（英治出版）があります。

らにそれは悲劇的になります（そしてこうした偏見に曝《さら》されている人は往々にして、そのような被害者の側に置かれます）。

たとえば、性差別や人種差別の現場で、被害に遭った人々の発言が、真剣に取り上げてもらえないことがしばしばあります。アメリカで大規模な反差別デモを引き起こした事例の一つは、喧嘩を仲裁していた黒人男性エリック・ガーナーの言葉がまさに黒人であるがゆえに無視された上、白人の警官によって暴行を受け、殺されてしまったという事件を発端としていました。この事例を挙げて、ジャーナリストで作家のカロリン・エムケは次のように記しています。

> 知覚や視野とは中立的なものではなく、歴史的な思考パターンによってあらかじめ作られたものだ。そこではパターンに合致するもののみが知覚され、記憶される。黒人が体を震わせることがいまだに怒りの表現だととらえられる社会、白人のこどもたち（そして大人たち）がいまだに、黒人を避けるべき、恐れるべきなにかとしてみるよう教えられる社会では、エリック・ガーナー（またはマイケル・ブラウン、サンドラ・ブランド、タミル・ライスほか、白人警官の暴力の犠牲になったすべての人たち）は、脅威で

あると見られるのだ。たとえ、なんの危険もない存在であっても。……抵抗できない死にかけた黒人の身体さえ、脅威とみなされるようになるのである。

警官たちにのしかかられて、ガーナーは横向きに地面に倒れている。左手を背中に回され、右手は歩道の上にのびている。いまだに「白人警官のダニエル・」Pが首を絞めている。警官は全員で、抵抗できないガーナーをうつぶせにする。いったい彼らの目には何が映っているのか。「息ができない」エリック・ガーナーのこの言葉が最初に聞こえるのは、映像の四分五十一秒目だ。「息ができない」二度目が四分五十四秒目。映像には五人の警官が映っている。全員でガーナーの黒い身体を痛めつけている。彼らはやめない。ガーナーの絶望的な叫びは、全員に聞こえたはずなのに。[35]

『憎しみに抗って：不純なものへの賛歌』（80-81頁）

エムケはこうした事例を通じて、私たちが様々な人々を不可視にしている、存在しない人、

35　この「息ができない」（I can't breathe）という言葉は、2020年アメリカで最大の反差別運動の発端となった、ジョージ・フロイドの殺害事件でも、フロイドが最後に口にしていた言葉であり、両者を結びつける意味で多くのデモ参加者が「I can't breathe」と書かれたプラカードを掲げました。

モノにしている、と述べました。「不可視の者、社会的に認識されない者は、『我々』の一員ではない。彼らが言葉を発しても誰も聞かず、動いても誰も見ない。不可視の人間には感情も欲求も権利もないとみなされる」（同書22頁）。

このような明確な暴力として表れるのでなくても、偏見を持っている場合、私たちは日常のなかでささいな言葉使い、ほんの小さな仕草で、自分は話し手のことを低く見積もっている、というメッセージを発してしまいます。[36] そして、そうした日々のメッセージの積み重ねが、話し手の心をくじき、抵抗する力を奪っていくのです。

では、認識的不正義を私たちはどのようにして脱し、認識的正義の徳を身につけることができるでしょうか。フリッカーは、それは容易ではないと言います。先に述べたように、偏見は意図よりも手前、前意識的なレベルで働きます。それを取り去るには、強い意志と幸運が必要です。

私たちにできるのは、自分に偏見があるのではないかと反省し、自分に対する批判的な気づきを常に持とうとすることです。少しでもひっかかりを覚えたら、そのことを徹底的に考えてみる。自分は不当に相手の言うことを歪めたり、割り引いて聞いたりしてはいないか内省してみる。仮に偏見すべてをなくせないとしても、私はあなたを人間として扱う、あなたの言うことを聞こうとしている、という態度を示そうとすることが、認識的正義を身につけるための第一歩です。

３・５　ポストトゥルースの現代を生きる

さて、本線に戻ってここまでの論点をまとめておきましょう。本章では、真理や正解といったものにこだわることの意義を論じてきました。ローティにせよ、ウィリアムズにせよ、現代のフェイクニュースやデマのような悪意に満ちたものは肯定しません。それでも、ローティは、真理は到達不可能なものであるし、それにこだわることは喫緊の問題から目をそらすことにもなるので、脇に置いておいて、可能な限りで広範な、私たちの社会的な同意などを目指した方がいいと主張しました。

他方、ウィリアムズは、真理へ向ける信実の態度は、信頼に値するということを通じて、私たちがニーズを満たし目的を達成することにとって不可欠のものであり、究極的には、それらは私たちのアイデンティティ理解、自分らしさの理解にもつながっていると主張しまし

36　近年の差別論の文脈では、マイクロアグレッションという用語で、こうしたことは議論されています。

た。フリッカーもまた、真理とその話し手に対して誠実な態度を取らないことは、重大な不正義へとつながると論じました。

●アイロニストと真理を探究する者

ウィリアムズはローティを名指ししながら、彼らのような立場の人であっても、真理や正解がなくてもいいと心から考えることはできないと述べます。少なくともローティだって自分の言うことはより正解に近いと信じているのではないか、と。

そうした批判に対し、ローティは断固としてそうは考えないという点において、自分たちは「アイロニスト」なのだ、と述べています。彼の定義によれば、アイロニストとは、自分の言葉を常に徹底的に疑問に思っており、自分が使っている言葉ではその疑問を完全に解消することはできないと分かっており、結局のところ、自分の言葉の方が実在に近いとは思っていない、それでもその言葉を使う、そういう人を指します（『偶然性・アイロニー・連帯』154頁）。

しかし、ウィリアムズに言わせれば、「疑問に思う」とか「真理を気にかけない」と言えるためには、やはり真理の概念が必要です。たとえば、『１９８４』のなかの、主人公がひどい拷問を通じて、２＋２＝５だと信じるようになってしまう場面について、ローティは、主人公は真理を気にしなくなったのだ、結局のところ、真理とはこのような脆弱なものでしかないのだ、と考えます。だからこそ、私たちは今のこの２＋２＝４であると信じてよいような、支配者による圧政や拷問のない世界を、力を尽くして維持していかなければならないのだと。

しかし、ウィリアムズによれば、このローティの結論自体は正しいとしても、それでも真理は問題にならないという考えは正しいものとは言えません（*Truth and Truthfulness* 147－148頁）。少しややこしいですが、ウィリアムズの反論は二つあります。

第一に、誰かに何かを信じさせる方法について、一般に、私たちはまっとうな方法とそうでない方法を区別できます。たとえば、教育と洗脳です。偽りを避けて、正しいことだけを教えようとすることは、普通、まっとうな教育とみなされます。他方、主人公に対する拷問は誤ったことを教え込むがゆえに、（肉体的・精神的苦痛を差し引いてもなお）受け容れがたい洗脳として描かれているはずです。真理を教えるものを是とし、偽りを教えるものを非とするのでなければ、私たちはこうしたまっとうな教育と洗脳の類いのものを区別できなくなってしまいます。

第二に、主人公がなされたことをローティは苦痛に満ちた屈辱的なものと捉えますが、なぜそれは屈辱なのでしょうか。主人公の変心がまさに屈辱的なものであるためには、ここで主人公は真なる信念を捨てさせられ、偽りの信念を与えられたのだ、とこの場面を捉えることが必要である、とウィリアムズは論じます。ローティが言うように、真理がどうでもいいことなら、主人公はある考えから別の考えに至ったというだけであって、何の屈辱的な目にもあっていないことになるはずです。

たとえば、「ペットを飼うなら犬だ」という考えから、「やはりペットといえば猫だ」という考えに心変わりしたとして、そこに何の屈辱があるでしょうか。主人公は拷問によって、自分の思い通りになるものと、思い通りにならないもの、という区別を捨てさせられました。それは、彼の自由——真理という自分の思うままにはならないものをあえて信じる自由——を奪ったのであり、それこそが、彼の心変わりを屈辱的なものにしているのです。主人公が受けた拷問を受け容れられないものと捉えること、そしてそれに立ち向かおうとすること、そのためには、やはり真理に対する信実の態度が必要なのだ、とウィリアムズは主張するのです。

●不完全な自己と他者との交わり

ローティはウィリアムズの著作についての書評において、ウィリアムズは単なる合意の成果と真なるものを見分けることができると思い込んでいるが、そんな証拠がどこにあるのかという趣旨の反論を行っています。ここでも、どちらの言っていることの方が説得力をもつかは、簡単に結論の出せる問題ではなく、本書の手に余ります。しかし、それは認めた上で、なお注目したいのは、両者は共通して、自分の「不完全さ」を認めること、それゆえに他者と向き合うこと、これらに重要性を見出しているように見える、ということです。

たとえば、ローティは、私たちが決して、絶対の正解、真理なるものには到達できないと認めます。そしてそれを認めた上で、私たちは私たちの生活を始めなくてはなりません。私たちが今、正解だと思っていることはすべて、ただの妄想かもしれない、だからこそ、他者の意見に真摯に耳を傾け、常に、皆で少しでも良いと思える方向に向かって進んでいく必要がある。彼はある論文で次のように述べています。

> われわれにとっての対話の「成功」とは、単にそれを「続けること」以外にはありえないのだ。
> （「プラグマティズム・相対主義・非合理主義」468頁）

ローティに言わせれば、真理にこだわる人々は、真理に到達すること、正解にたどりつくことを対話の最終目的としています。すなわち、彼らは「それ以上の対話を不必要にするためにこそ対話をする」（同書465頁）のです。他方で、そのような真理などないのだ、と考えたとき、私たちに残るもの、それは「人間同士の間の誠実さ」だとローティは言います。真理をあてにできない私たちが互いに誠実であるとは、まさに自分の弱さを認め、常に、そしていつまでも相手の言葉に耳を傾け続けることなのです。

一方、ウィリアムズもまた、私たちが一人っきりで十全に生きていけるとは考えていません。私たちは他者と情報を交換し、互いに信頼しあうなかで、自分自身も信頼するすべを身につけ、そこから自他に誇れる自分というものを確立していきます。逆に、自分は完全な人間であると過信することは、自分自身に都合の良いように現実を歪めて見ることへとつながってしまい、最終的に自分への信頼をも失ってしまいます。

特に、このとき、テイラーも指摘するように、「本当の」という理想は、容易に「自分さえ良ければいい」というエゴイスティック、ナルシシスティックなものになってしまいます。これは、自分の外の何かとの関係において、自己を捉えられないときに生じるもので、実質を欠いた空虚なものです。こうなると私たちは確かな足場を失って、自分に都合の良い空想に走ってしまいます。他者とかかわるときも自分を褒めてくれる人のみと付き合い、誠実に自分の欠点を指摘してくれるような人を遠ざけてしまいます。それは結果として、自分自身を見つめ、認め、作り上げていく契機を失うことを意味します。

それを回避し、現実を歪めて見ることなく「本当の自分」を確かめるためには、空想ではない、実在する他者と真摯に向き合う必要があります。彼らの否定や非難は、ときに、自分自身すら気づいていなかったことを教えてくれます。実際、自分を承認してくれる他者とだけ付き合っても、それは自己の内側にとどまるに過ぎません。真の他者は、自分の思い通りにならないものであり、そうした他者に認められるためには、信実であらんとすること、すなわち正確さと誠実さの徳をもつことを、欠くことはできません。その際、認識的不正義に陥らないように、細心の注意を払う必要があるのは、フリッカーの指摘した通りです。

現代を生きる私たちは、自由を重視し、何かを強制されることを嫌います。特に、客観的な真理などは嫌いな人が多いかもしれません。誰にも指図されずに好きなことを、自分らしい仕方でしたい、これはもっともです。実際、自由というのは現代の社会が長い時間をかけて勝ち取ってきたものの一つであり、これを容易に手放すわけにはいきません。

しかし、そのときの自分らしさは、一人で生み出せるものではありません。むしろ、空想や願望で現実をねじ曲げることなく、自分の思い通りにならないもの、自分にとっての他者と誠実に向き合うことで、ようやく、曲がりなりにも安定した自分というものが得られます。

このように、不完全な自分たちを認めた上で、すなわち、空想や願望を排して現実を見据えた上で、なお他者とともに前に進もうとする姿勢に、結局、倫理や道徳というものは存しており、それは現代社会においても、何も変わることはないのではないでしょうか。自分の存在を過大に見積もり、自分は絶対的に正しいという空想に生き、それを他者にも平気で押しつける、そのような姿勢は、結局のところ、真理にこだわるのであれ、そうでないのであれ、認められるものではないのです。

第三章のまとめ

本章では、正解を真理と結びつけた上で、倫理の問題における真理や正解に対して、私たちはどんな態度をとるべきか、私たちは真理を探究することにこだわる必要があるのかということを検討してきました。

そこで提示されたのは二つの考え方でした。一つは、真理は求めても得られるものではないので、それにこだわるよりも、自分の答えはどこまでも暫定的で可謬《かびゅう》であることを謙虚に認めるという態度をとった方がよいとするものです。そして、目の前の人の窮状に答えられるようになること、偶然的で傷つきやすく脆弱な人間同士で合意を作り出し、なんとか連帯を結んでやっていくこと、それが私たちには必要なのだとする考え方でした。

もう一つは、真理に向けて信実の態度をとること、すなわち、正確に情報を集め、本当に自分が正しいと思うことを誠実に語ろうとすることは、やはり私たちにとって決して欠いてはならない態度であるというものです。信実たらんとする態度を欠くということは他者に対する不正義につながることもあれば、自分自身に対する信頼の毀損につながることもあります。私たちは他者との誠実な交流を通じて、自己を確立していく必要があります。それは結果として、互いを信頼し合い、両者が自分らしくありながらもより強固な関係を結んでいくことにもつながるでしょう。

二つの考え方は真理へ向けるべき態度という点では鋭く対立していますが、共通している点もありました。自分は弱く傷つきやすい人間である。自分一人では自分らしさを見出すことはできない。表現は違えども、両者は自分を一人で完結した完全な人間であるとみなすという歪んだ幻影を脱し、不完全な自己を直視するという要素をもっています。答え方は違っていくとしても、倫理の問題に向き合う態度は、まずはここから始められねばならないのではないでしょうか。

第四章◆倫理の問題と規範的な言葉

「『良い』ってどういう意味？」

D. PARFIT

T. SCANLON

前章では、倫理における真理について見てきました。そして、自分の出した答えが本当の正解かどうか、それにこだわるかどうかは議論があるとしても、なお、少なくとも、私たちは空想や願望に基づいて現実を歪めて見ることのないようにしなければならない、特に、自分の不完全さを認めて、他者と向き合わねばならない、という暫定的な結論を得ました。

本章では、これまでの章とはガラッと方向性を変えて、倫理の言葉の問題について考えてみたいと思います。たとえば、ここで言われているような「向き合わねばならない」というのは、どういう「ねばならない」なのでしょうか。

ウィリアムズは、真理に向ける信実の態度を欠くと、他人と信頼関係を築くことができないのみならず、自分自身を信頼に値するものとし、自分らしくあるということが失われると述べました。しかし、そうだとすると、この主張は、信頼されなくても構わない、自分らしさなど気にしない、という人にとっては効果がないことになりはしないでしょうか。そういう人たちは、嘘をついたり、現実を歪めて見ていたりしても構わないのでしょうか。

倫理学では、こうした「〜しなければならない／してはならない」のような言葉は規範的な言葉と呼ばれ、長らく考察の対象になってきました。他にも「〜すべきである／〜すべきではない」「〜した方がいい／〜しない方がいい」「〜することは悪い／〜することは良い」

などが挙げられます。実際、本書で扱ってきた様々な倫理の問題もこうした言葉を用いて問われていました。「人間の受精卵の遺伝子操作を認めるべきか」「本当にいつでも嘘をついてはならないのか」「動物の肉を食べることは本当に悪いことなのか」などです。

少し回り道に見えるかもしれませんが、引き続き倫理の問題との向き合い方を考えるに当たって、本章ではそもそもこうした規範的な言葉の意味とは何なのかを考えてみましょう。

本章の問題

・倫理の問題で使われている言葉は何を意味しているのか

4・1　規範的な言葉の用法

規範的な言葉とは何なのか、という問題は一筋縄ではいかないものです。まず、規範的な言葉が使われるのは、道徳や倫理に限りません。たとえば、マナー、道路標識、薬の処方箋あるいはゲームのルール、果ては料理のレシピなども規範的な言葉で書かれていることがあります。「どんなときでも嘘をついてはならない」と「卵を泡立てすぎてはならない」の間に共通の特徴はあるのでしょうか。それとも、それらはそれぞれ別の仕方で規範的なのでしょうか。そして、倫理にかかわるときだけ特別な何かはあるのでしょうか。

一見して分かりやすい要素には、規範的な言葉を使う文はいずれも、聞き手の行動に影響を与えようとしているように見える、というものがあります。「しなければならない」や「すべきである」「してはならない」「すべきではない」などはそのようなニュアンスが特に強い言葉かもしれません。人に何かをさせる、あるいは何かをやめさせる、控えさせるために、これらの言葉は使われるように見えるというわけです。

倫理学者たちは、規範的な言葉とは何なのかを検討するにあたって、こういった点、すなわち規範的な言葉がどのような機能をもっていて、どんなときに、どのような目的で使われるのか、という点に着目して、いくつかの考え方を提示してきました。そこで、本節ではまず、規範的な言葉のいくつかの用法に注目します。最初に登場するのは、以下の二つです。

①態度表現としての規範的な言葉：規範的な言葉は、話し手の感情や態度を表現するために用いられる

②助言としての規範的な言葉：規範的な言葉は、聞き手に助言するために用いられる

態度表現というのは、話し手の感情や願望、欲求などからなる態度を表す、ということです。たとえば、ため息とともに発される「遅刻するのは良くないよ」という言葉は、話し手の怒りや落胆といった感情を表すために使われているように思います。逆に「良いことをしたね」という言葉は、賞賛の感情を表すために使われていると言えるかもしれません。

他方、助言による理解においては、「良くないよ」は、止めなよ、もうするなよ、という助言を表すために使われる、ということです。「席を譲るのは良いことだね」は席を譲ることを勧め、推奨するために使われることがありそうです。

以下では「悪い」という言葉に焦点を当てて、まずはこの二つの考え方、①態度表現、②助言、推奨についてみてみましょう（なお、4・3節では第三の考え方として、③事実の記述というものが登場しますので、本書では最終的に、規範的な言葉の用法はこの三つのどれかで使われることが多い、という立場をとります）。

4・1・1　規範的な言葉の用法①　態度表現

一つ目の考え方は、態度や感情の表現としての規範的な言葉の理解です。[37] これは極端なことを言えば、規範的な言葉は好き嫌いのような気持ちの表明だという考え方です。

たとえば、阪本さんと東雲《しののめ》さんという二人の人物が、肉食について議論しているとしましょう。ここで、阪本さんが「動物を食べることは悪い」と東雲さんに言ったとします。態度や感情の表現としての規範的な言葉という考え方によれば、ここでの「悪い」は、動物を食べることについての阪本さんの強い否定的感情を表しています。阪本さんはおそらく動物を食べることに強い嫌悪感や怒りを覚えているのでしょう。逆に「動物を保護する活動は良い」と言う場合には、その活動に強い肯定感や好意を覚えているのかもしれません。

自分たちの発言を振り返ってみれば、このような意味で「悪い」や「〜してはならない」という言葉を使っている場面は、確かにあるように思われます。「それって悪いことだよ」などと言うことで、対象についてのネガティブな態度を表明することは容易に想像できます。しかし、同時に、いつでもそのような意味で「悪い」という言葉を使っているだろうか、と言われると疑問がわきます。

たとえば、東雲さんが「動物を食べることが悪いことなんだったら、焼肉を食べることは悪いことになってしまう」と言ったとしましょう。ここで東雲さんは「悪い」という言葉を使っていますが、このときに東雲さんが阪本さんのように怒りや嫌悪感といった感情を表現しているとは限りません。[38]

また、何度か登場している、人それぞれで済ませられない、押しつけたくなる、ということの問題もあります。私たちは普通、好き嫌いなどの感情に基づく態度については、たとえ相手の感じ方が自分の感じ方とは違っても、それはそれでいいと考えています。「え、どうして猫を嫌いなの、可愛いじゃない」程度の会話をすることはありますが、最終的に「嫌いなものは嫌いなんだよ」と言われたら、それ以上食い下がっても仕方がありませんし、一緒に猫を飼うのは諦めるしかないでしょう。たいていの人は、「そっか、嫌いなんだな」「まあ好き嫌いは人それぞれだから仕方がない」で済ませるでしょう。趣味や好みの場合は、相手

37　この考え方は情動主義、情緒主義（emotivism）と呼ばれ、20世紀初頭に英米圏の倫理学で盛んに論じられました。

38　この問題はゴットロープ・フレーゲが提出したアイディアを利用してピーター・ギーチが定式化したもので、倫理学の世界ではフレーゲ・ギーチ問題と言われています。なお、ギーチと一章で登場したアンスコムは夫婦です。詳しくは補章を見てみてください。

が納得するまで自分の考えを正当化する必要はありませんし、どちらかが正しいとか間違っているとかを決める必要はないのです。

しかし、「悪い」はどうでしょうか。子どもに言いきかせるならともかく、お互いに十分にものを考える力を備えた大人同士の会話において、「悪いものは悪いんだよ」という発言が、相手を引き下がらせる言葉になるとは思えません。東雲さんが「動物虐待は何も悪くない」と言い出したときに、阪本さんとしては、「まあ、善悪は人それぞれだから仕方がない」と言って、東雲さんが猫の尻尾を引っ張るのを眺めているわけにはいかないのです。

むしろ、「あなたの個人的な感情はともかく、虐待は絶対にしてはいけないことでしょう」とすら思うかもしれません。ここには、「悪い」という規範的な言葉は、特に倫理の文脈で使われるときには、何か、好き嫌いのような感情的な反応以上の何かを表している、人それぞれだから仕方がないと簡単に済ますわけにはいかないような何かを表している、という示唆があります。

そして、さらに言えば、このことは、誰かの振る舞いを悪いと言うときには、何らかの根拠や正当化が必要だと、私たちが考えていることを示しています。この点は、感情を表す言葉が、たいてい実際に私たちがそう感じるという以上の、根拠を求められないことと対照的です。

したがって、私たちは確かに自分の感情や態度を表現するために「悪い」とか「ねばならない」などの規範的な言葉を使うことがありますが、いつでもそうだというわけではないようです。特に、倫理の文脈ではそれ以上の何かが表されていることが多くあります。本章の出発点である「他者と向き合わねばならない」も、ローティらの個人的な感情や態度を表した何かというわけではないでしょう。そのため、規範的な言葉は感情や態度を表現することもある、くらいに考えるのがちょうどいいかもしれません。

4・1・2　規範的な言葉の用法②　助言、推奨

感情や態度の表現としての規範的な言葉の理解を検討したので、次は第二の考え方に移ります。それは、助言や推奨としての規範的な言葉の理解です。この捉え方では、典型的には、今、東雲さん自身が動物を食べようかどうかと逡巡しているという場面に際して、食べない方を選ぶようにと助言するのが、「動物を食べることは悪い」という発言だ、ということになります。行為選択の場面で働くのが規範的な言葉ということです。

助言をすることの一つのポイントは、それが本当に助言であるならば、基本的には話し手

自身がその中身を（自分または聞き手にとって、あるいはそれ自体として）重要なことだと本当に信じた上での示唆でなければならない、ということがあります。そうでなければ、助言という形をとりながら、相手を騙したり、適当なことを言ったりしていることになるでしょう。したがって、この助言という捉え方では、阪本さんは肉食が本当に悪いことだと信じ、そのような悪いことは避けた方が本当に東雲さんのためになると思って、「肉食は悪い」と言っているのです。

そのため、助言や推奨として規範的な言葉を使うことは、同時に、自分が受け容れているルールを表すことでもあります。すなわち、阪本さんが「動物の肉を食べることは悪いことだ」と言うことは、阪本さん自身が、動物の肉を食べないというルールを受け容れていることの示唆になります。あるいは、判断を下したり、助言をしたりしようとすること自体が、自分が受け容れられるルールを作り、確かめていく作業でもあります。

阪本さんは東雲さんに助言を試みるなかで、それまで自分でも深く考えたことがなかった自分自身の動物に対する態度を確認することになるかもしれません。そして東雲さんは、この助言を聞いて、「阪本さんは肉を食べない（というルールを採用している）んだな」と自然に推定することができます。「私は食べるけど」と阪本さんが付け加えたなら、東雲さんは「え、なんで?」と疑問を覚えるでしょう。「肉食は悪い」と言いながら、坂本さんが喜んで肉を食べていたら、なんか変だぞ、と私たちは感じることでしょう。

●態度表現と助言の違い～助言がもつ二つの特徴

ここで先ほどの態度表現と助言の違いについて見てみましょう。第一に注目すべき点として、助言や推奨は、聞き手を一定の仕方で行為する方向へと導こうとする、という側面をもちます。すなわち、「食べない」と「食べる」という二つの行為が可能な選択の場面において、「食べない」という行為を選び、「食べる」という行為を避ける、という方向へと聞き手を導くために、私たちは「食べないことは良い」「食べることは悪い」という言葉による命令や助言を行うということです。[39] これは、倫理学の世界では規範的な言葉の「行為指導性」

39　なお、こうした行為と規範的な言葉のつながりは、他の行為をする余地がないところでは、規範的な言葉はうまく働かないということを示唆しています。それを表す倫理学の標語として「べきはできるを含む」(ought implies can) というものがあります。できないことについて、すべきなどと言ってはならないということです。たとえば、手抜きをしている走者に「もっと速く走るべきだ」は言えたとしても、「百メートルを三秒で走るべきだ」とはいえないということです。

(action guidingness) などと呼ばれています。

他方、態度の表現としての規範的な言葉は、行為を選択させ、相手に何かを積極的にさせるというよりも、むしろ、自分の気持ちを分かってほしい、という要素の方が強いかもしれません（もちろん、分からせることによって相手の行為を指導する場合もあります。怒りの態度を伝えることでやめさせる、などのように）。その意味では、態度の表現は相手の行動に影響を与えることよりも、自分の態度についての情報伝達の方に重きがあると言えるかもしれません。

第二に、態度表現と違って、助言は一般に一定の規準や根拠に基づきます。たとえば、聞き手である東雲さんは、阪本さんに対して、「どうして?」と尋ねることができますし、それは常に正当な問いかけです。そこで提示された根拠に納得がいかなければ、東雲さんは助言を無視する（この場合では動物を食べる）、という応答をするでしょうし、納得したならば、説得に応じ助言を聞き入れて今後は肉食を避ける、となるはずです。

他方で、阪本さんの方も同じように東雲さんに対して、「これだけ言っているのに、どうして肉を食べることを良しとするのか」と根拠を問い返すことができます。そのように考えるなら、私たちは向き合った相手と規範的な言葉を交わし合うことで、常に様々な説明や応答をする責任を課しあっていると考えることができます。

この「行為指導性」と「一定の規準や根拠に基づく」という特徴は、規範的なものがもつ特徴として、割合もっともらしいものです。[40] それもあって、現代倫理学の世界では、規範的な言葉は典型的には助言として使われる、その場合、それらの言葉は行為指導性や規準や根拠に基づくという二つの特徴をもつ、という理解は、ある程度広く共有される傾向にあります。特に、第一章で登場したヘアは、この二つこそが道徳判断の特徴であると強く主張しました。

もちろん、態度表現として規範的な言葉を使うことも現実にはありますので、ここでは並列してまとめておきますが、以下では当面、助言的な用法を念頭において、話を進めていきましょう。

40　研究者のなかには、この二つの特徴を否定する論者もいます。たとえば、行為指導性を否定する人々は、規範的な言葉は、純粋に評価や記述をするものなので、行為とは直接的にはかかわらないと考えることがあります。この点については、4・3節で取り上げます。また、一定の根拠に基づくことを否定する人々は、倫理の事柄は究極的にはそれ以上の根拠のないもの、直観によって捉えるしかないものなのだと主張することがあります。

規範的な言葉の用法

①感情、態度の表現：話し手の感情や態度の伝達に重きがある。特定の根拠に基づくとは限らない。

②助言、推奨：聞き手の行為を導くことに重きがある。一定の規準、根拠に基づく。

4・2 規範的な言葉の特徴

ここまでの議論をまとめておきましょう。規範的な言葉は、感情表現のために使われたり、助言のために使われたりします。しかし、特に倫理の場面では、規範的な言葉は一定の規準、根拠に基づいて、聞き手の選択や行動に働きかけるという特徴をもち、それらを踏まえると、助言として用いられることの方が、倫理上の規範的な言葉の用法として一般的と言えるかもしれません。

その際、ここでの聞き手は、他人とは限りません。自分自身に対しても、助言を行うことはあります。何をしたらいいかと迷ったとき、私たちは自分自身との対話を通じて、答えを導き出そうとします（その際、自分に対して誠実であることが求められるわけですが）。このとき、私たちはしばしば根拠を求め、それに基づいて自分を納得させて、選択を行っていきます。私たちは、自他の選択を一定の方向に導くために規範的な言葉を用いますし、またそうした選択を導く力を、規範的な言葉はもっているようです。

これらの二つの特徴、すなわち一定の規準や根拠に基づくという特徴と、行為の選択に働きかけるという特徴は、それぞれさらに掘り下げて丁寧に考えることができます。まずは根拠に基づくという特徴から見てみましょう。

なお、ここで特徴と用法という言葉を区別して使っていますが、これはたとえば、バットは棒状で手に持つ場所は細く、木や金属でできているという「特徴」をもち、野球のときにボールを打つために使われるという「用法」をもつという違いです。ではあらためて、助言という用法において規範的な言葉はどのような特徴をもつのでしょうか。

4・2・1　規範的な言葉の特徴①　一定の規準、根拠に基づく

何らかの根拠をもとに何かを主張するということは、行為の良し悪しの判断にあたって一

貫した規準をもって何かを言っているということを意味します。

阪本さんが「動物の肉を食べることは悪い」と言う根拠が、「動物に苦痛を与えるから」だとしましょう。そうだとすると、阪本さんは「猫の尾を引っ張ることも悪い」と言うのでなければ一貫性を欠きます。なぜなら、通常、猫の尾を引っ張ることも動物に苦痛を与えるからです。つまり、あることがしかじかの根拠で悪い、と言うならば、そのしかじかの根拠が当てはまる他のすべてのことをも悪いと言わないと辻褄《つじつま》が合わないということです。

ややこしく見えたかもしれませんが、一貫性は子どもも使いこなしている概念です。たとえば親に「夕食後はおやつを食べちゃ駄目でしょ」と怒られた子どもが「お父さんとお母さんもこの前食べてたのに！」と言い返すとき、この一貫性の論法が使われています。

東雲さんたちの事例に戻るなら、東雲さんは阪本さんに対して「つまり、動物に苦痛を与えるような仕方でペットを飼ったり、サーカスで動物を叩いたりするのも、悪いことになるということですよね？」と聞き返すことができます。もし、それに対し、阪本さんが「いや、ペットを飼う場合には、動物に苦痛を与えても悪くはない」と言い出したら、少なくとも、それらの悪さを帳消しにするような別の根拠が提示されない限り、東雲さんとしては、阪本さんはおかしなことを言っている、と思うでしょう。何らかの規準や根拠に基づく規範的な言葉の使用には、一貫性が求められるのです。

動物に苦痛を与えるから、肉食は悪い

↓

特別な事情がない限り、動物に苦痛を与えることは、すべて悪い

↓

特別な事情がない限り、動物に苦痛を与えるなら、ペットを飼うことも悪い

あるいは、先ほどのルールの採用の話も、この一貫性の観点と絡めて考えることができます。そこでは阪本さんが「動物の肉を食べることは悪いことだ」と言っておきながら、自分は肉を食べると言い出したら、東雲さんは驚いてしまうと述べました。それは、阪本さんの発言が「動物に苦痛を与えるから」という規準に基づいているなら、その規準は自分に対しても、もっと言えば誰に対しても当てはまるものであるはずだからです。

動物に苦痛を与えるから、肉食は悪い

←

特別な事情がない限り、動物に苦痛を与えることは、すべて悪い

←

特別な事情がない限り、動物に苦痛を与えるなら、阪本さんが動物を食べることも悪い

したがって、規範的な言葉がもつ、一定の規準や根拠に基づくという特徴は、安易に自分を特別扱いすることを排除する力をもちます。阪本さんが「動物に苦痛を与えるから、東雲さんが肉を食べることは悪い」と言うなら、「動物に苦痛を与えるから、私が肉を食べることも悪い」と言わなければならないのです。

以上のことを少し形式的に言うと、「これはXであるから悪い、禁止すべきだ」などの判断（規範的な判断）は、特別な事情がない限り、「Xであるすべてのものは悪い、禁止すべ

きだ」を含む、となります。阪本さんと東雲さんの対話で見たように、もし動物に苦痛を与えることが肉食を禁止する規準や根拠だと言うなら、動物に苦痛を与えるすべてのものを誰に対しても禁止するのでなければ筋が通らない、おかしなことを言っている、となるのです。

> ○○だから、△△は悪い
>
> ←
>
> 特別な事情がない限り、○○なことは、すべて悪い
>
> ←
>
> 特別な事情がない限り、○○なら、××も悪い

もちろん、特別な事情というのは無視できません。たとえば、東雲さんが「では、動物実験によって新薬をテストすることはどうなんですか？」と聞き返したとき、阪本さんは「確かに、動物実験も動物に苦痛を与えるから悪い。しかし、百匹の動物に苦痛を与えた結果、

将来的に一億人の病気が治せるなら、動物実験は許容され得る」と答えるかもしれません。一億の人間を助けるという事実が、本当に動物実験の悪さを帳消しにするような特別な事情になるか、ということについては、さらなる検討が必要です。ですが、この場合には、一応、事情があるので、一貫性を欠いているという批判そのものはあたらないことになります。

一貫性を考えるなら、一定の規準や根拠に基づくという特徴は、何でも好き勝手、自由気ままに良いとか悪いとか言うわけにはいかない、ということを含みます。好き嫌いのような、根拠を問われにくいものについては、「猫は嫌いなんだけど黒猫だけは好き」と言っても「まあそういうものか」と言えてしまいます。しかし、「暴力は悪いことなんだけど虐待だけは悪くない」と言うなら、虐待を正当化するさらなる特別な根拠、特別な事情が要求されますし、それがないならば、一貫性を欠いたことを言っていると批判されるでしょう。

●理由になるものとならないもの

さて、根拠と似たもので理由というものがありますが、この理由はしばしば行為と結びつけられます。行為の理由とは、「なぜその行為をするのか」と問われたときに、「しかじかだから」という形で語られるものです。少し脱線気味になりますが、規範的なものの第二の特徴である「行為指導性」へのつなぎにもなりますので、理由という概念についても少しだけみておきましょう。

　前章で活躍したウィリアムズは、「内的理由と外的理由」（１９７９）という論文において、理由になりうるのは、当人の心のなかの何らかの動機づけとかかわっているものだけだ、と主張しました。その場合、動物が被る苦痛が、肉食をやめる理由になるかどうかは、阪本さんや東雲さんの心のなかに、動物への思いやり、彼らの苦痛を嫌がる気持ち、嫌なことを避けたいといった動機づけがあるかどうかのみによって決まります。

　他方で、ウィリアムズより一回り年下で、彼と同じくヘアの元で研鑽を積んだオックスフォードの哲学者、デレク・パーフィット（１９４２‐２０１７）は、理由になり得るものは当人の心の状態とは関係なく、世界の側で決まっていると主張しました[41]。

たとえば、あるボタンを押すことが檻のなかの犬に苦痛を引き起こすという事実は、私たちの気持ちとは関係なく、そのボタンを押さない理由になります。たとえ、昔、噛まれたこ

41　彼の代表作は『理由と人格』および *On What Matters* ですが、ここで挙げたような理由についての議論は主に後者で展開されています。とはいえ、タイトルからも分かるように、前者の段階でもすでにパーフィットは倫理学における理由の重要性に着目していました。

とがあって心の底から犬を憎み、可能なら苦痛を与えてやりたいと思っていたとしても、苦痛はボタンを押さない理由をもたらすのです（とはいえ、他に犬に苦痛を与える理由があるかもしれないので、実際には様々な理由のどれに従って行動するか、ボタンを押すかどうかを、私は考える必要があります）。

　パーフィットらは、「xをする理由がある」ということを、「xをすることを支持する事実がある」ということだと理解します。[42] たとえば「飼い犬に優しくする理由がある」は、「飼い犬に優しくすることを支持する事実がある」を意味しています。その事実は、「犬は感覚をもった動物で、飼い主の態度に敏感である」などといったものであるかもしれません。

　確かに、本人がやりたがっている、ということはそれを為すことを支持する一つの事実であるかもしれません。しかし、自分の為すことを決めるに当たって考慮しなければならない事実は、それだけではないはずです。先ほどのボタンを押すかどうかを考えるとき、自分が押したいかどうかだけを考えればいいというのはおかしいように思います。それを押すとどうなるのか、犬の被る苦痛、その犬の飼い主が感じる苦痛などはボタンを押さないことを支持するでしょう。そうした様々な事実を総合的に熟慮して、私たちは決定を下すべきだし、そうした総合的な熟慮において注意を払わねばならない事実こそ理由というものだ、そうパーフィットは主張します。

ウィリアムズのような考え方と、パーフィットのような考え方は、理由というものの本性をめぐって鋭く対立しています。特にそれが鮮明になるのは、一般的には理由になるとみなされるものの、当人にとっては何の関心もないような事柄を取り上げる場合です。

ウィリアムズは軍人の家系に生まれた青年の例を挙げています。[43] 青年本人は、軍人になることに何の関心もないのですが、彼の面倒を見てきた伯母や祖父は彼には軍隊に入る理由があると言います。ウィリアムズに言わせれば、自分自身の中に、軍人になりたいという気持ちがない以上、彼には軍隊に入る理由などありませんし、伯母らが言っていることは押しつけに過ぎません。

他方、パーフィットのような観点から言えば、一般的に言って、一族の強い期待について

42　D.Parfit(2011) *On What Matters* (Oxford University Press)

43　ウィリアムズが挙げるのはヘンリー・ジェイムズ作の「オーエン・ウィングレイヴ」という短編です。オーエンは何世代も続く軍人の家柄に生まれ、本人も類い希なる軍人の才能に恵まれており、周囲は当然のようにオーエンにも軍人になることを期待しますが、彼は戦争を愚かな行為と見下し、軍人になることを拒否します。

は応える理由が存在するので（たとえば、伯母や祖父がとても喜ぶ、など）、少なくとも、彼はそれを無視すべきではありません。もちろん、彼には軍隊に入らない強い理由もあるので、最終的に一族の期待が生み出す理由に従わないとしても、それはそれで彼の選択です。そのため、単なる一候補としての理由と、すべての理由を考慮した上での最善の理由、もっとも重い理由とは区別して考える必要があります。それでもパーフィットらが強調するのは、決定的かどうかはさておき、軍人になる理由も存在する、ということです。

　現代では、ウィリアムズが言うような理由と、パーフィットが言うような理由は、別の種類の理由のことだとして区別して考える理論も有力ですが、まだまだ両陣営の議論は続いています。ともあれ、簡単に振り返っておくと、規範的な言葉を行為の理由という側面に基づいて考える場合、「そうした理由をもたらすのは行為者本人のもつ動機づけだけだ」とする考え方と、「それ以外のものも理由、行為を支持する事実でありうる」という考え方がある、こうしたことがわかりました。

4・2・2　規範的な言葉の特徴②　心を動かす

さて、規範的な言葉には二つの特徴、すなわち一定の規準や根拠に基づくという特徴と、行為の選択に働きかけるという特徴があると述べました。前項では規準や根拠に基づくという特徴について検討したので、次に、行為の選択に影響する、行為指導性という特徴についても見てみましょう。すでに見たように、助言や推奨として使われる規範的な言葉は、行為を一定の方向に導くという性格をもっています。「動物の肉を食べることは悪い」という言葉は、肉を食べない方向へと聞き手の行動を導こうとしているように見えます。

しかし、この考えに対して否定的な論者もいます。規範的な言葉は本当にそのような力をもつのでしょうか。確かに、古くは、ソクラテスが知行合一を説き、知って悪をなす者はいない、と論じました。現代風に言えば、それが本当に悪いと分かっているなら人はそれをしない、悪いことをする人はそれが悪いと本当には分かっていないのだ、ということです。実際にそれが正しければ、規範的な言葉は行為を導く力をもつと断言できたでしょう。

ですが、世の中には、悪いと分かっていて悪いことをする人たちがいくらでもいるようにも思えます。マフィアやギャングが自分の行動が悪いと分かっていない、というのは変な感じがします。あるいは、自分の行動を振り返ってみても、悪いと分かっていながら、ついつい誘惑に負けてしてしまうことが、日常的にあるようにも思えます。実際、動物を殺して肉を食べることが悪いとしても、仕方がないし……、と思う人もいるかもしれません。そう考えると、規範的な言葉には行為を導く力なんてないのではないか、と言いたくなるのも当然です。

このような考え方は、少し専門的な用語になりますが、倫理学では動機づけの外在主義と呼ばれます。規範的な事柄の内側には、人を行為へと導く力、動機づけは含まれていない、人を動かしたいならそうした力をもつものを外側から付け加えなければならない、そうした動機づけの力は規範的な事柄の外側に在る、という考え方です。たとえば、悪いことをさせないためには、それが悪いと指摘するだけでは足りず、その悪いことをするとひどい罰を受けるという指摘まで行う必要があるかもしれません。

この考え方は一見して説得力があるようにも見えますが、反論もあります。たとえば、マフィアは、一般的な道徳を破ることを本当の意味で悪いとは思っておらず、本当に悪いこととは自分の属するファミリーの掟を破ることなのだ、と思っているのかもしれません。あるいは凶悪犯罪を起こした人のなかには、少なからず、それが正しいと信じて行った、という人がいます。周囲から見るとどれだけ身勝手で、それこそ真理を歪めて見た末での犯行だったとしても、当人の目にはそれが正しいことに見えていた、という事例は多々あります。

自分のことについても、同じです。ついつい悪いことをやってしまうとき、心のなかのどこかで言い訳をしてはいないでしょうか。今回に限っては、これはやってもいいのだ、これはそこまで悪いことではないのだと。

さらに、本当に心から悪いと思っていることについては、選択肢に上がりすらしないのではないか、と論じることもできます。散歩中、誰も人がいないときの信号無視は、実際にするかどうかはともかくとしても、選択肢には上がってくるようなことだと思います。そうした信号無視は、つい、これくらいなら悪くないのではと考えてしまえるようなことだからです。他方で運転中、歩行者がいるのに、その人をはねてでも信号を無視するという行為を、まじめに選択肢として考慮する人はほとんどいないはずです。それは人をはねてしまうことが明らかに悪いことだからではないでしょうか。

これらの反論が正しければ、やはり人は悪いと思っていることはできない、それどころかそもそも考えつきもしない、ということになり、その場合、規範的な言葉には人を動かす力があると言えるでしょう。このような考え方は、人を動かす動機づけの力は規範的な事柄の内に在る、とするものであるため、先ほどの外在主義と対置して、動機づけの内在主義と呼ばれます。

動機づけの外在主義：規範的な事柄それ自体には人を動かす力はない
動機づけの内在主義：規範的な事柄はそれ自体が人を動かす力をもつ

●動機づけの内在主義と外在主義の行方

動機づけの内在主義と外在主義の論争も、簡単に決着のつくものではありません。しかし、いくつかの対応案は出ているので、それは次項で簡単に説明します。ともあれ、こうした規範的なものと動機づけの捉え方の違いは、私たちの実際の行動、実践にも影響を与えるものです。たとえば、内在主義の考え方からすれば、悪いことをする人というのは、それが本当に悪いことだとは思っていない人です。したがって、罪を犯した人については、「自分のしたことは本当に悪いことだった」という心からの理解が、更生の第一歩となります。

たとえば、修復的正義、修復的司法という、海外の少年司法などで取り入れられている実践があります。修復的正義とは、単に加害者を罰して終わりというのではなく、被害者の支援を第一の目標とし、特に、そのなかで加害者との関係も含めた被害者の状況の修復を目指すというものです。加害者は被害者と向き合い、ときには実際に対話することが求められます。そのなかで、加害者は自分が傷つけた相手が、単なるモノではなく、名前をもつ血の通った人間であり、自分のなしたことが本当に悪いことであったということを自覚することになります。

他方、外在主義的な見方をとるなら、このような自分の行為の悪さを自覚させるという仕方では不十分です。なぜなら、この考え方においては、罪を犯した人々は、それが悪いことだと、とっくに知っているからです。彼らにそれは悪いことだと教えても、「そう、だからどうした」と言われてしまいます。

したがって、悪いことをさせないためには、厳しい刑罰などを通じて、悪いことをすると、こんなに酷い目に遭う、だから悪いことはやめよう、と思わせることが重要になります。あるいは教育においても、悪いことをすると叱られる、良いことをすると褒められるという経験を繰り返させることで、悪いことを避けて良いことをするよう条件づけていくことが目指されるかもしれません。

もちろん、現実にはこれらの方法は組み合わせて使われるものであり、それらがいかに悪いことか、そして悪いことをするとどういうことになるか、という両面から、教育や制度作りは行われるものです。したがって、理論的なレベルはさておき、少なくとも実践においては、内在主義と外在主義は単に力点の違いという仕方で処理できるものだと言えるかもしれません。

しかし、行為の悪さを強調するか、悪い行為の報いを強調するかという力点の違いは、結局のところ、規範的な言葉をどのようなものとして理解するか、道徳をどのようなものとして理解するか、というそれぞれの個人の理解に支えられています。そして、そうした態度は、私たち自身の普段の行動や仕草、言葉使いなどに表れるものです。それが悪いことだからしないという人と、それをすると罰されるからしないという人。それが良いことだからする人と、それをすると褒められるからする人。[44]

どちらの場合も、前者から見れば後者は、本当の意味で道徳や規範を守る気がない不まじめな人間に見えるでしょう。他方、後者からすれば前者は融通がきかず、道徳に縛られたつまらない人に見えるかもしれません。そのどちらの見方が正しいかをここで決めることは、例によって大変困難です。近年では心理学の方面から、道徳判断と脳の神経の状態、行動の関係を調べるプログラムもありますが、なかなか決定的なことは分かっていません。さしあたってここで言えることとは、結局のところ、私たちはお互いにそれぞれくらい違う仕方で世界を理解しており、また、そうした人たちが隣り合って暮らしているのが、この世界だということです。

4・3　規範的な言葉の第三の用法～対象を記述する

さて、このように述べたところで、一つ疑問が生じます。それは、規範的な言葉の二つの特徴という話はどうなるのか、という問題です。外在主義は、規範的なもののなかには、動機づけの力は含まれないと主張する立場でした。そうすると、規範的な言葉はそれ自体としては、私たちを特定の行動へと仕向けることはできないということになるのではないでしょうか。そうすると、規範的な言葉がもつ特徴は二つあるという考察は間違っていたのでしょうか。

44　ただし、厳密には、外在主義者であっても、もともと「悪いことをしたくない」「良いことをしたい」という欲求をもった人であれば、それが悪いこと、良いことであると知ることによって、その行為を避けたり、その行為を行ったりするということになります。しかし、その場合でも、その人は「それが悪いことだからしない」のではなく、「私は悪いことをしたくないからしない」ということになり、内在主義者との違いは依然として残ります。

実際、外在主義者のなかには、規範的な言葉は直接的には心を動かすという特徴をもたないと主張する人たちもいます。その場合には規範的な言葉の特徴は、一定の規準や根拠に基づく、ということだけになります。そして、そうした人たちが強調するのが、規範的な言葉の第三の用法としての事実の記述です。

規範的な言葉の用法①　感情や態度の表現
規範的な言葉の用法②　助言や推奨
New!　規範的な言葉の用法③　事実の記述

たとえば、「動物の肉にはタンパク質が含まれている」という発言について考えてみましょう。ここでの「タンパク質が含まれている」という言葉は、まさに動物の肉がもっている性質を記述し、聞き手に伝えるものだと言えます。ここで規範的な言葉の典型的な用法は事実の記述にあると考える人たちは、同じように、「動物の肉を食べることは悪い」もまた、動物の肉を食べることがもっている性質を記述し、聞き手に伝えようとしている、と考えます。つまり、対象がもつ悪さについての情報を、聞き手に知らせようとしているというわけです。

他方、助言や推奨こそ、規範的な言葉の典型的な用法だと信じる人たちは、規範的な言葉は行為指導性をもっていると考える傾向があります。そうであればこそ、助言は助言として意味をもつのですから。

では、この第三の用法の説明は助言や推奨、ひいては感情や態度の表現という用法と比較して、どのくらい説得力があるでしょうか。

●評価の記述

事実の記述という用法が顕著なのは、純粋な評価を表すために規範的な言葉を用いる場合です。ここで言う「純粋な」というのは、評価をすることで、何か別のことにつなげようとしているわけではないということです。たとえば、仕事ぶりをあえて低く評価することで発憤することを期待する、などはここでは含まれません。

評価という点から見るならば、たとえば、「良い」という言葉は「その対象が高い評価に値する優れた性質を備えていること」を伝えており、「悪い」という言葉は「その対象が低い評価に値する劣った性質を備えていること」を伝えている、と考えることができます。たとえば、私たちは人間以外の対象についても、良いとか悪いとか言うことがあります。良い枝振りの樹だ、とか、西側の窓は眺めが悪い、などです。この場合は、私たちは必ずしも誰かに何かの行動を期待しているとは限りません。もちろん、この樹の絵を描けとか、引っ越しをしたい、という意味で言っている可能性もありますが、一般的には私たちはこうした発言を通して単純に、樹木や眺望がもつ優れた性質、劣った性質を言い表している、それらのものの評価を言い表していると言われます。

　注意が必要なのは、ここでの評価は、必ずしも話し手の態度を表しているとは限らない点です。つまり、誰かが「この樹は良い樹だねえ」という場合でも、話し手が樹を賞賛する気持ちを自分はもっている、という自分の心についての情報を伝えようとしているとは限らないということです。その点は、態度表現としての規範的な言葉の用法とは異なっています。「この樹は良い樹だねえ」という発言はその樹が優れていると伝えているのであって、自分はこの樹が好きだと伝えようとしているのではないということです。音楽のコンテストでの金賞、銀賞、銅賞などが、審査員がその演奏を気に入ったということではなく、あくまで演奏が優れたものであったということを示しているのと近いかもしれません。[45]

したがって、自分の好き嫌いを表明しているのでもなければ、誰かに何かをさせようとしているのでもなく、純粋に対象がもつ客観的評価を記述して伝えるのが、規範的な言葉の意味だというわけです。したがって、この理解では感情の表現や行為の指導ではなく、純粋に評価を伝えるということが、規範的な言葉の特徴ということになります。

●第三の用法としての記述

外在主義者であれ、内在主義者であれ、基本的に、規範的な言葉が記述の要素をもつという点には、多くの人たちが同意しています。「規範的な言葉の典型的な用法は助言である」と主張する人々であっても、そこに記述的な要素が含まれていることを認めます。「これは一定の規準を充たすような優れたものだから、これを選んだ方が良い」という形で示される「一定の規準を充たす」の部分がそうです。とはいえ、それらは助言を行うための根拠とし

45　もちろん、これに対して、そういった賞も究極的には、審査員の態度の表明でしかないと考える人もいるかもしれません。そうした人は、規範的な言葉についても態度の表現で理解していると言えるでしょう。

てであって、規範的な言葉を使う主たる目的は、相手に助言を与えることであると考えられます。

　他方、規範的な言葉の典型的な用法として記述を推す人々は必ずしも、そうは考えません。彼らによれば、あくまで規範的な言葉を使って私たちがしているのは本来、良いとか悪いとかいった情報の提示です。そして、そこで得られた悪さについての情報をどのように使うかは、聞き手次第です。善悪に関心がない人ならば、ふうん、そうなんだ、という程度の応答しかしないでしょう。逆に、悪いことは極力避けようとする、という性格の持ち主なら、その行為を避けるでしょう。あるいは、悪さを懲罰に結びつける人は、罰されるのを避けるために、その行為を避けるでしょう。

「動物の肉にはタンパク質が含まれている」という情報を得たとき、タンパク質を摂りたいと思っている人なら動物の肉を食べ、逆に、腎不全などのためにタンパク質を避けようとしている人はそれを食べないでしょう。同じように、善悪についての情報もそれをどう生かすかは、聞き手に任されています。

　したがって、規範的な言葉の用法は記述であると考えるなら、規範的な言葉には、直接には、聞き手を動かす力は込められていないように見えます。あくまで目的は情報提供であって、それを聞いて何をするかは聞き手に委ねられています。その意味では、規範的な言葉は間接的に、聞き手の心に訴えるものに過ぎない、ということになります。

では、規範的な言葉から行為指導性をすっかり取り去ってしまっていいでしょうか。ここで私たちはまだ、次のように問うことができます。記述という仕方で私たちが悪さについての情報を伝えようとするのは、なぜなのでしょうか、と。特に、倫理の場面では、その情報を教えてくれと頼まれているわけでもないのに、私たちはそれが良いとか悪いとか、しなければならないとか勝手に情報を押しつけているようにも見えます。

こうした事態を説明する、一つの考え方として、以下のものがあります。それは結局のところ、私たちが良い悪いについての情報を提供するのは、相手が良いことをして、悪いことを避けようという気持ちをもっていると期待しているからであり、それを通じて、その悪い行為をしないよう期待しているからである、というものです。

●私たちがお互いに負いあうもの

そうした考え方をする人物の一人に、プリンストン大学で教鞭をとっていたアメリカの哲学者で *What We Owe to Each Other* という著作で知られる、トマス・スキャンロン（19

40-）がいます。[46] スキャンロンは『正義論』で有名なジョン・ロールズの影響を強く受ける一方、前述のパーフィットと似たような立場をとり、理由によって規範的なものを理解します。特に、あるものが規範的であるとは理由があるということだ、という立場を、彼は提唱しています。何かが悪いということはそれをしない理由があるということであり、何かが良いとはそれをする理由があるということを意味する、というのです。

　これを前述の部分とつなげると、規範的な言葉は理由があるということ、理由であるような事実についての情報を伝えるということになります。たとえば「動物の肉を食べることは悪い」という言葉は、「あなたには動物の肉を食べることを避ける理由がある」ということを意味しています。

　そしてスキャンロンは、理由はそれ自体で人を動かす力をもつわけではないと認めます。つまり、ある事柄をする理由があると知っただけで、あらゆる人がその事柄をなすわけではない、と彼は考えます。この点では、スキャンロンは規範的な言葉の行為指導性を認めていません。理由に関心がない人は、「確かにあなたの言う通り、私には動物の肉を食べることを避ける理由があるんだろうさ」と認めた上で、なお、平気で肉を食べるでしょう。

　しかし、それでも、もしその人が合理的な人なら理由があることをするはずだ、逆に言えば、合理的な人とは理由がある事柄をする人、理由に応答する人のことである、と彼は主張します。たとえば、阪本さんが肉食を避ける決定的理由があると信じているとします。このとき阪本さんが合理的な人であるなら、阪本さんは肉食を避けるだろうということです。

注目すべきは、合理的な人という箇所です。合理的な人というのはどういう人か、という問いに対して、理由があることをする人だ、とスキャンロンは答えます。そうする理由がないことや、より妥当な強い理由があることがあるのにそれをしないで、別のことをしてしまう人は、不合理な人と言われます。つまり、あらゆることを考えた上で、肉食を避ける決定的理由があると信じていて、それにもかかわらず、ガツガツと肉を食べる人は、きちんと理由に応答できない不合理な人だということです。

では私たちはお互いのことを合理的な人間とみなしているでしょうか、それとも不合理とみなしているでしょうか。おそらく、常に完全にというわけではないにせよ、私たちはお互いをある程度は合理的だとみなしているのではないでしょうか。つまり、自分が提示した理

46　この著作が重要な役割を果たす人気テレビドラマシリーズに *The Good Place* という作品があります。ややネタバレになりますが、終盤で主人公の一人が、この著作の一部を引用する場面は涙なしには見られない名シーンです。

由に適切に反応してもらえると想定しているのではないでしょうか。だからこそ私たちは互いに何かを説明し、言葉を尽くして語りかけるのだと思います。

　別の角度から言えば、相手を合理的な人とみなすということは、相手を「自ら考えて理由に応答できる自律的な存在者」として尊重することを含みます。私たちは、たとえば子どもを相手にする場合、しばしば説明を省いて特定の行動を強制することがありますが、これは相手がまだ合理的な存在者であるとは認めていないことを示しています。

　まとめると、スキャンロンの考えでは、私たちは規範的な言葉を用いて理由に関する情報を記述することで、お互いに理由があると信じるものを伝えあっています。「あなたは肉食をやめるべきだ」と言うことは、相手に「あなたには肉食をやめる理由があるよ」と伝えることなのです。

　そして、お互いが合理的であると信じるなかで、相手がその理由に従って行為してくれることを期待しあっていますし、同時にそのように行為する責任を互いに負いあっています（私のことを尊重してくれた相手には、その尊重に応え、お返しに相手のことも尊重するのでなければならないということです）。そのため、理由というものを使って間接的に、相手を特定の行為へと導くのが、規範的な言葉ということになります。そうすると、より広い意味では、規範的な言葉はやはり助言や推奨といった仕方で使われる、と考えてもいいようにも思います。

> 相手を合理的な人（理由に応答する人）と信じる
> 理由があると信じられることを告げる
> ←
> 相手がその理由に応答すると期待する（聞き手は相手の期待に応える責任を負う）

確かに、スキャンロンらの考え方によれば、規範的な言葉自体が、直接に私たちを特定の行為に仕向けるわけではありません。単に、その言葉を受け取った人が、合理的な人だったり、善悪について関心をもつ人であったりしたならば、善をなし、悪を避けてくれるに過ぎません。相手が合理性を気にせず、善悪に関心をもたなければ、私たちの言葉はただ空まわってしまうだけでしょう。その意味では、規範的な言葉には行為指導性があるとまでは言い切れません。

しかし、スキャンロンも述べるように、私たちが誰かに向けて規範的な言葉を発するときというのは、まさに相手がそうした善悪に関心をもつ人だと、期待するときなのです。そしてこの期待は、命令のように相手に何かをさせるということではなく、むしろ、私たちが与えた情報をもとに、相手が自発的に何かの行動を選び取ってくれることへの期待です。

その意味で、理由を提示するために規範的な言葉を使うことは、相手を自分と対等な判断力をもった人間とみなし、相手の自律を尊重する態度ともつながっています。そして、期待された側もまた、その期待に応えるということによって、私たちの道徳的な共同体は継続されるのです。

このことは、前章で述べたウィリアムズやフリッカーの議論ともつながっています。話し手と聞き手は、お互いに理由が通じる相手とみなしあうことによって、互いを信頼できる、自尊心をもつに足る人間だと伝えあっており、あなたは自分を肯定していいんだよ、というメッセージを送りあっています。そうした営みを通じて、私たちのアイデンティティは形成されているのです。

4・4　単なる言葉の使い方の違いを超えて

さて、本章ではここまで、「悪い」という語の用法や特徴を様々な角度から検討してきました。具体的には、態度の表現、助言、記述という三つの用法、そして一定の規準や根拠に基づく、心を動かす、という二つの特徴を取り上げてきました。結局、私たちは規範的な言葉をどのように理解したらよいでしょうか。場面ごと、ケースバイケース、というべきでしょうか。

実際、ここまで行ってきた規範的な言葉の様々な用法の紹介は、個別の場合で規範的な言葉は異なる仕方で用いられるよね、実践においては適切な場面で適切に使おうね、ということを示しているに過ぎないと考えた人もいるかもしれません。

もちろんそのような側面はあります。規範的な言葉はいつでも常に助言として使われる、などという主張は乱暴ですし、おそらく実態に即していません。しかし、一方で、その場になってみないと分からない、とも言い切れません。ここまで見てきたように、それぞれの用法は、それぞれの規範的な事柄の特徴の一定の理解を前提としています。たとえば、規範的な事柄はそもそも人を動かす力をもち得るのか。これにノーと答える人は、助言や推奨のために規範的な言葉を使うことはないでしょうし、そんなことをする人をそもそも無駄なことをしていると考えるでしょう。

逆にイエスと答える人は、たいてい助言や推奨のために規範的な言葉を用いるでしょう。彼らから見れば、記述にしか使っていないという主張は、掃除係に対する「机が汚れているぞ」という王の発言は単に机のもつ性質しか伝えていない、という主張と同じくらい馬鹿馬鹿しいものとなります（この発言は当然、「机を掃除しろ」という命令を含んでいます）。あるいは、規範的な言葉はいつでも一定の規準や根拠に基づくと考える人は、規範的な言葉を好き嫌いのような感情の表現のために用いる人を、不誠実だと考えるかもしれません。

したがって、言葉の用法の背後には、規範的なもの、そして倫理の捉え方の違いがあり、それはときとして、人々の間で緊張を生み出します。そうした緊張の源を明るみに出すことに、そしてあわよくばそれを緩和することに、こうした用法の違いを探求することの目的の一つはあります。

●概念工学

実際、言葉の用法を考えることと言葉が指す対象の理解は相互に強く結びついており、一方をより深く理解することはもう片方のより深い理解につながります。そのため、次のような相互作用が期待できます。

第一に、私たちの実際の言葉の用法を考えることで、私たちが本当は対象をどんなものと考えているか、それはどんなものかという、自分たちの対象それ自体の理解を明確化することができます。そして、ときには、それをよりよい理解へと修正することができます。

第二に、自分たちが対象をどんなものと理解しているかを明確化することで、それを正確に指し示すことができるように言葉の用法を限定することができます。さらに、必要であればより適切な言葉を作り出したりすることもできます。

こうしたプロセスを経て私たちは少しずつ対象の理解と自分たちの言葉遣いの両方を洗練していくことができます。すなわち、「良い」「悪い」とは何なのかをより深く理解し、「良い」「悪い」という言葉を適切に使うことができるようになっていくということです。

もちろん、言葉の用法以外のアプローチも有効です。それはたとえば心理学や生物学かもしれませんし、論理学や形而上学かもしれません。規範的なものとはどんなものなのか、そして倫理、道徳とは何なのかを考えるにあたって、結局のところ、私たちは自分たちの手に入るありとあらゆるアプローチを、様々な仕方で駆使していくしかありません。

たとえば、実際に近年では、心理学と哲学の協同による「概念工学」と呼ばれるアプローチが、こうした捉え方から、様々な概念についてのエンジニアリングを行おうと試みています。近年出版された戸田山《とだやま》和久《かずひさ》らの『〈概念工学〉宣言！ 哲学×心理学による知のエンジニアリング』（2019）という著作では、心、自由意志、自己という三つの概念について、人々は現実にどのようにこの概念を用いているか、その概念の用法は他の様々な事柄と照らして適切なものと言えるか、より適切なものにするためにはどのようにこの概念を用いたらよいか、ということが心理学者と哲学者の協同作業で検討されています。同様に、「良い・悪い」や「〜すべき」「〜しなければならない」といった概念も、これから先、工学されていく必要があるのかもしれません。

4・4・1　道徳、倫理の文脈における規範性——義務による理解

ここで最後に、倫理や道徳の問題に戻りましょう。本章で取り上げてきたのは、その多くが倫理の事例ではあったものの、必ずしも道徳に限定されない規範的なもの一般でした。では、本書の最大の主題であるところの、道徳や倫理の関連で見るとどうでしょうか。

まず、あらためて確認しておきますが、道徳自体が「良い」「悪い」「〜してはならない」「〜すべき」などの規範的な概念と強くかかわっているということにはほとんど異論の余地

がないとしても、規範的な言葉は道徳や倫理を表すためだけに用いられるものではありません。「そこに赤を塗ってはならない」「今、その株を買うべきではない」「脂肪の多い食事は健康に悪い」のように美的な判断、経済的な判断、健康にかかわる判断など、様々な判断が、規範的な言葉を用いて下されますし、そこで意図される用法も様々です。したがって、規範的な言葉が使われているなら、自動的にそれは道徳ともかかわっている、と考えることは、できないように見えます。

では、道徳に特徴的な規範的な言葉、そしてその用法というものはあるのでしょうか。一般的には、道徳は私たちに何かを要求することが多いと思われているように見えます。学校で習うものはそれが顕著ですし、各種の職業団体の倫理綱領が（「べからず集」と揶揄《やゆ》されることもあるように）あれをするな、これもするな、と禁止項目ばかりを並べたものになっていることも少なくありません。こうした禁止を中心とした倫理規則がどんどん増えていくなかで、メディアなどでは表現の自由を不当に制限するものではないのか、とその是非が議論されることもあります。

次項で一章での道徳の理解と結びつけて考える前に、伝統的な倫理学との関連から見てみましょう。近代以降の倫理学のなかでは、道徳はしばしば「義務」や「責務」といった概念とセットで論じられてきました。その代表格であるカントは道徳の中心に定言命法というものを置きますが、これは自らの理性が自分自身に与える無条件の普遍的な命令を指します。そしてこの命令に自らの意思で自律的に従う行為が義務に基づく行為とされ、道徳的な善とはまさに、その点に存します。他方、自分の欲求を満たすだけの行為は、ある意味で良いと言えなくはないのですが、少なくとも道徳的に価値のあるものとはみなされません。

　たとえば、「すべての人は常に自分のした約束を守らなければならない」という無条件の命令を、自分自身の理性に従って、義務として自分自身に課し、それに自ら進んで常に例外なく従う、といったことに道徳的な良さはあります。逆に、「自分が守りたいときだけ（たとえば、守った方が得になるときにだけ）約束は守ればよい」などは、仮にそれに従って約束を守ったとしても、それは今回がたまたま自分にとって得だったから守ったということに過ぎず、心から道徳的義務に従ったとはみなされません。

　すでに述べたように、規範的な言葉は道徳に無関係な話題においても用いられ、またその用法も様々なわけですが、この考え方に従うなら、道徳と規範的なもののかかわりはどのようになるのでしょうか。道徳の中心を義務（〜なければならない）と考える以上は、規範的な言葉のなかでも道徳にかかわるのは義務的な命令のために用いられるものだけだ、ということになるかもしれません。

さらに、義務としての道徳は基本的に、様々な理由のなかでもきわめて強力なものとしての地位を与えられる傾向にあります。つまり、経済的な理由や健康上の理由などの道徳以外の理由と道徳の理由がぶつかったときには、義務を表すような道徳の理由が勝利するとされることが多いのです。

実際、道徳の理由よりも経済的な理由を優先させて、すなわち、悪いことだが儲かるという理由で詐欺を行ったり、公害や環境破壊を引き起こしたりすれば、厳しく非難されます。芸術と道徳の対立はしばしば議論になりますが、よっぽど優れたものでもない限り、道徳的に見て非難に値するような作品は製作、公開すべきではないと考えられるように思います。

4・4・2　義務以外のものとしての道徳、倫理

しかしながら、本書の第一章で長々と確認したように、現代の倫理学では道徳は必ずしも義務ばかりにかかわるものとは考えられていません。たとえば、行為基準をとるアンスコムは、倫理を最終的に人間のなすあらゆる行為へと適用します。美的判断であれ、経済的判断であれ、規範的な判断に基づいてなされることの背後には、人間の意図があり、そこには人

間の人間としての選択が反映されています。規範的な言葉を用いて語られる行為の選択はいずれも倫理的な選択なのであって、義務とかかわるような観点からのみ理解されるようなものではありません。倫理はもっと幅広いものです。

アンスコムに強い影響を受けたウィリアムズもまた、義務一辺倒の命令の体系を狭い意味で「道徳」と呼んで批判し、もっと多彩で、人生全体にかかわるものとしての「倫理」と対置しました[47]。彼に言わせれば、倫理の問題とは様々な理由を熟慮していくプロセスそのものにかかわります。単に義務に従っているかということが倫理の問題ではありません。どのように生きるか、どのような人間になっていくか、どんな自分なら誰にも（もちろん自分にも）恥じることなく、胸を張って生きていけるかという問題が、倫理の問題なのです。

確かに、倫理における義務の影響力は強大で、倫理の中心的論題の一つが「義務」だということは今も昔もあまり変わりがありません。私たちにはどんな倫理的義務があるのか、私たちは何をしなければならないのか、何をすべきなのか。

あるいは何度か登場している「責任」とも義務は密接な関係にあります。義務は基本的に、自分の自由の範囲内にあることしか命じません。その上で、命じられた義務を果たすことに責任を付与します。つまり「物理的にはすることもしないこともできるが、その上でなお、なさなければならないこと」を義務は命じてきます。そしてそれをしなかったならば、あなたは責任を問われます。責任を問われればあなたは申し開きをせねばならず、申し開きや説明ができなければ非難や罰を受けることになります。

それに対して、ウィリアムズが「道徳的な運」などの一連の著作で指摘したのは、義務はあくまで倫理の論題の一つでしかない、ということです。たとえば、最善の注意を払っていたにもかかわらず、運が悪く、避けられなかったことについても、私たちは自分を責めることがあります。このとき、私は最善の注意を払っている以上、自分にできる範囲内で義務を果たしています。ウィリアムズは、法律を守って注意深く走行していたにもかかわらず、突然飛び出してきた子どもをひいてしまったトラック運転手の事例を挙げています。

あるいは、そのときは分からなかったけれど、後になって、行為を控える理由があったことが分かるということもあります。美味しそうな牡蠣《かき》を買って帰ったところ、食べた家族がそれにあたってひどく苦しむことになった、などのこともそうかもしれません。この場合、私は「だって、そのときは知りようがなかったんだもの」と申し開きをすることができます。

47　B．ウィリアムズ（２０２０）『生き方について哲学は何が言えるか』（ちくま学芸文庫）

その意味ではそれ以上、私に責任を問うというのはナンセンスです。なんといっても、可能な限りでは私は義務を果たしているのですから。

しかし、どちらの事例でも、なお、自分のなかには咎《とが》めの感情のようなものが残ることがあります。こうした様々な心残りについて、義務と責任のみからなる倫理は、説明を与えることができないどころか、場合によっては不合理と切り捨てる傾向があります。しつこいようですが、私は義務を果たしているのですから。しかし、それは本当に私たちの実際の生活に即しているでしょうか。むしろ、そういう咎めの感情や後悔を感じる人の方が倫理的にまっとうな人だとは思わないでしょうか。つまり、義務を果たしているかどうか以外の要素が倫理にはあるのではないでしょうか。

フリッカーは、認識的不正義についても、本人に義務違反があった、悪意があったとは言い切れない、運が悪かったとしか言い切れない場合があるとしています。たとえば、時代状況からして、自分の見方が偏見に基づいていると気づきようがない場合、というものがあります。このときには、その人は義務違反を犯したとしてその責任を非難するというのは適切とは言えません。

しかしながら、それでもまったく無罪放免というのではなく、「失望する、がっかりする」

(disappoint) というのがその人に向ける適切な態度である、と彼女は論じています。失望は、相手が自分の信頼に応え損ねたときに生じるものであり、直接的な非難や罰とは必ずしも同じものではないとしても、それを向けられた相手はなお、たとえ悪意の行いはなかったとしても、身の置き所のなさを感じ、恥じ入ることになります。

あるいは、一章で登場したフット（とその背後のアリストテレス）に影響を受けた徳倫理学者と言われる人々のなかには、道徳を卓越性の観点、すなわち賞賛に値する仕方で優れているかどうか、という観点から、考える人々もいます。こうした道徳の理解においては、規範的な言葉も単に命令をするものというよりは、記述や評価といった要素の方が強くなってきます。というのは、命令うんぬんよりも優れているその性質に言及すること、褒め称えることが、規範的な言葉の主要な役割になるからです。

その際の優れた性質とは具体的には「勇敢、抑制的、親切、穏やか」などで、こうした性格上の特徴は「徳」(virtue) とよばれています。こうした徳を道徳の中心に置く理解もまた、義務と結びつける道徳の理解とはだいぶ違っています。

このように考えるなら、前章の結論であり、本章の問いのうちにも掲げられた「自分の不完全さを認めて、他者と向き合わねばならない」は、単に私たちへの要求や道徳的義務を表しているというよりは、むしろ、誠実で謙虚な人、全体として卓越した素晴らしい生を送る人への賞賛を表しており、またそれを目指す人への声援であると言えるかもしれません。

かくして、問題は最終的に、道徳や倫理をどのようなものと理解するか、という第一章の課題に戻ってきます。ウィリアムズのように道徳と倫理を区別する論者もいます。したがって、次章では、もう一度、道徳とは何かという点について、ここまで白黒つけずにおいてきたことになるべく答えながら、筆者の理解を提示してみたいと思います。

第四章のまとめ

本章では、規範的な言葉とは何なのかということを検討してきました。そこでは感情や態度の表現、助言や推奨、事実の記述などの三つの用法を取り上げましたが、そこからさらに根拠や理由、動機づけの力の有無といった観点まで論点は広がりました。これらは、私たちがどんな仕方で規範的な言葉を使っているかを見ていくことを通じて、規範的な事柄がどんな特徴をもっているのか、などについての私たちの理解を取り出すことを、そしてあわよくばそれらをより適切な理解へと改良することを目的として行われてきたのでした。

最終節では、それらが倫理や道徳の問題とどのようにかかわっているのかを検討しました。

そして当然と言えば当然ですが、それらは結局のところ私たちの道徳の理解そのものにかかっていることを確認しました。

次章では、私たちは倫理や道徳を最終的にどのように理解したらよいか、それを通じて、倫理の問題について考えるとはどういうことか、を述べていきたいと思います。

第五章◆日常とかかわりあいの倫理

「結局、倫理って何だったの？」

G.MOORE

S. CAVELL

C. DIAMOND

まずはこれまでの内容を簡単に振り返ってみましょう。第一章では、倫理とはそもそも何のことなのか、という点を、何人かの倫理学者の考え方を参考に確認しました。そこでは、重要性基準、理想像基準、行為基準、見方基準などの考え方が提示されました。そのため、それらは相互に関係しているとしても、なお、私たちは根本的に異なるものを倫理と呼んでいる可能性があると分かりました。したがって、私たちが倫理の問題と呼んでいるものもまた、それぞれに異なっているかもしれないということが示唆されました。

第二章では、そうしたそれぞれの理解に基づく倫理が提示する問題に客観的な正解はあるのか、それとも主観的な答え、私たちが創り出した答えしかないのか、という点を検討しました。現実問題として、私たちは違う倫理的態度をもっています。動物を殺すことを倫理的に不正だと考える人もいれば、不正ではないと考える人もいます。そこから私たちは、倫理の答えは人それぞれだ、と結論しがちです。

しかし、数学の問題に違った答えを出す人がいるからといって、数学の問題に、客観的な正解がないことにはならないのと同様に、そうした事実は、ただちに倫理の問題に唯一の正解がないことを示すものではありませんでした。

次に、それを踏まえた上で、倫理の答えは主観的なものだと考える人たちと、倫理の答えは客観的なものだと考える人たちは、それぞれお互いに相手は誤った思い込みに基づいているのだと主張している、という点を、それぞれの論拠とともに確認しました。

主観的だと考える人は、倫理は根本的には私たちの感情や態度が投影されたものだと考えます。客観的だと考える人は、倫理はもっと確固とした根拠をもった世界の側の事実に基づくと考えます。結局のところ、どちらがより説得的かを決めることは難しいが、少なくとも、自分の考えが誤った思い込みに基づくものではないかを確認し、本当に正しい答えを探していくしかないということを述べました。

第三章では、前章の結論を踏まえつつ、そもそも、私たちは正しい答え、真理にこだわる必要があるのか、ということを検討しました。私たちはいつでも真理を探さなければならないのでしょうか。

一方では、真理などというものにこだわるよりも、お互いの納得がいく同意を作っていくことが重要だという考え方がありました。現在の私たちの社会が暴力を忌避するものであるのは、暴力を忌避することが倫理的な真理だとか倫理的に正解であるからというわけではなく、弱く傷つきやすい個人が集まり、互いの合意に基づいてそのような社会を作り出したから、ということに過ぎません。そしてそのような壊れやすいものだからこそ、それを大事にし、互いの努力によって守っていく必要があります。それはあるかどうかわからない真理にこだわり続けるより重要なことなのです。

しかし、他方には、やはり真理にこだわる態度は信頼に基づく関係の構築、そして自他のアイデンティティを守り自分らしく生きるために重要であり、だからこそ、真理は決して蔑ろにするわけにはいかない、という考え方もありました。そして、ここでも、それぞれの考え方のどちらが間違っているというよりも、両者に共通する態度として、私たちは他者と向き合う対話を大切にしなければならない、その際、自分たちが無《む》謬《びゅう》の万能の存在ではないことを認め、不完全な自他に対して謙虚であろうと努めねばならない、ということが確認され、章が閉じられました。

続く第四章では、「〜せねばならない」などに代表される規範的な言葉の意味を、「悪い」という言葉の用法の検討を通じて、探求しました。そこでは「それは悪いことだ」「それはしてはならないことだ」などの規範的な言葉は、態度の表現や助言、記述などの仕方で使われることを見ました。

さらに、規範的な言葉はしばしば根拠をともなうとか、心を動かすとかいった特徴をもちます。単になぜそうなったのかを説明する原因と違って、根拠は判断の正当化を行うものです。この一定の規準や根拠の存在は、規範的な言葉を用いた判断を一貫した形で下すよう求めるという要素をもっていました。また、規範的な言葉は直接的、間接的の違いはあれど、何らかの仕方で聞き手の心を動かそうとするものであるということも分かりました。

最後に、倫理や道徳においては、伝統的に義務という考えが中心にあったこと、近年では、むしろ徳や、人生全体にかかわるものとして、規範的な言葉が用いられている、という点も確認しました。とはいえ、何を中心に倫理や道徳を考えるかということは、結局、第一章で結論をださないままでいた「倫理とは何か」という問題に戻ってくる、というのがこの章の結論でした。したがって、この最終章ではあらためて、倫理とは何のことなのかを考えてみたいと思います。

本章の問題

・倫理とは何のことなのか

5・1　倫理の問題のバリエーション

では結局、倫理とは、そして倫理の問題とは何なのでしょうか。あらためてそのことにアプローチするために、ここでは、いったいどんなときに、倫理の問題が生じるのかを考えてみたいと思います。

これまで、本書では様々な形の倫理の問題についての説明を見てきました。たとえば、第一章で挙げた、フットとヘアの議論からは、自分たちにとって大事なものを守るためにはどうしたらいいか、これから先、自分たちは何を大事だと考え、どのように変わっていけばいいか、などの問いのタイプがあるということが示唆されました。

他には、4・3節で挙げたスキャンロンは「どうしてそうするの」「なぜそう考えるの」と理由を問うところから、倫理の問題は始まるとしていますし、もっとシンプルに「これから何をしようか」という問いが、倫理の問題のスタート地点だと述べる論者もいます。

倫理の問題は、他の仕方でもいくつかのタイプに分けることができると言われます。たとえば、『倫理学原理』という重厚な著作を執筆し、メタ倫理学の創始者とも言われるイギリスの哲学者、G．E．ムーア（1873‐1958）は、倫理の問いは三つに分かれると言います。すなわち、「良いとは何か」「どれが良いものか」「良いものはどうすれば増えるか」の三つです。

たとえば、第一の「良いとは何か」は、「そもそも良いとはどういう意味か」「何かを良いと言うことは何を表そうとしているのか」などの形でも問われるもので、前章で考えたような、「良い」などの規範的な言葉の用法や特徴を考える問いです。

第二の「どれが良いものか」は、様々な事物について、第一の問いで答えられたような「良さ」をもっているものは何だろうか、私たちにとって本当に良いものは何だろうかと考える問いです。ムーア自身は、この問いに対して、幸福や美、友情などを挙げています。

第三の「良いものはどうすれば増えるか」は、第二の問いで答えとして挙げられたものを実際に現実社会で増やすにはどうしたらいいかと考えるものです。たとえば幸福を増やすためには、個人の日々の心がけから教育、制度作りまで様々なものを考慮する必要がありそうです。[48]

ムーアの分類は明快ですが、「良い」とは何かが分かれれば、後は自動的に良いものを増や

48　違いがわかりにくい人は、問いの順序は逆になりますが、以下のように考えてみてください。（3）「部屋のなかをもっと美しくしたいが、どうしたらよいだろうか」「絵を飾るのはどうだろうか」。（2）「どの絵が美しい絵だろうか」「右のマグリットのリンゴの絵はどうだろう」。（1）「そもそも美とは何なのだろうか」「鑑賞すると心地よくなる、などはどうだろうか」。これらの応答のなかの「美しい」を「良い」に換えたものが、倫理の三つの問題とその答えと言えるでしょう。

すところまで進むだろうという想定が透けて見えます。言い方を変えれば、良いものを増やしたいという気持ちが先にあって、それを実現する方法を探すために、良いとは何か、というところまで遡っているようです。

しかし、倫理の問いはそのようなものとは限りません。良いとは何かが分かったけども、なお残る問いというものが、あると思われるからです。そして、ときにそれはひどく切実な問いであるからです。

ここでは、その点に注目するために、２０１８年に亡くなったアメリカの哲学者スタンリー・カヴェル（１９２６‐２０１８）が *The Claim of Reason*（1980）という著作のなかで述べたものを参考にして、次のような二つの倫理の問いを区別して考えてみましょう。[49]

一つ目は、「私は何をなすべきか」という問いです。これは、「しかじかのことをすべきである」という道徳的な知識、確信に到達することで解消されます。本書のこれまでの言い方で言えば、正解、真理にたどりつくということです。他方で、二つ目の問いは、そうした確信に到達してもなお問われる問い、「悪いことをしてはならないのはなぜか」という問いです。[50]こちらに答えるためには、道徳とは何か、道徳的な知識、確信とは何かということを考えねばなりません。

再び、東雲さんが「動物を殺してその肉を食べてもいいか」という問いを考えている場面を取り上げましょう。この問いが生じるのはどんなときでしょうか。すぐに思いつくのは、肉食をするかどうかを迷っているとき、というものでしょう。しかし、なぜ東雲さんは肉食について迷っているのでしょうか。先の設定に沿って考えるなら、ここには少なくとも二種類の迷いがあります。

第一のものは、それが倫理的に正しいことか、不正なことかどうかが分からないとき、というものです。できれば不正なことはしたくない、正しい方を選びたい、だけど動物に苦痛を与えること、動物を殺すことがそんなに不正なことなのかどうか分からない、だって、彼らは人間とは違う生き物だし……。こういうときには、確かに、東雲さんの前には倫理の問題が生じています。すなわち、東雲さんは「どれが良いものか」とか「私は何をすべきか」を問うており、その問いを通じて倫理的な知識・確信を求めていると言えるでしょう。

49　この区別は、カヴェルのオリジナルの議論を少し書き換えたものです。彼自身は二つ目の問いを「なぜ悪いことをしてしまうのか」という形で提示しています。

50　メタ倫理学においてはこの問いはしばしば Why be Moral 問題として論じられます。杉本俊介『なぜ道徳的であるべきか：Why be moral? 問題の再検討』（２０２１）も参考にしてみてください。

他方、もう一つの迷いは、肉食が倫理的に正しいとは言えないことは分かっている場合に生じるものです。つまり、肉食という習慣が動物に苦痛を与え、環境にも負荷をかけるものであり、倫理的に正当化できないことは分かっている、だけど、私は自分の欲求や健康を犠牲にしてでも[51]、絶対に倫理的に正しいことをしなければいけないのだろうか……。

このような迷いのうちにある場合、東雲さんは、すでにそれが不正であるという確信にたどりついていますが、なお、問いは消え去りません。ここでの疑念は倫理そのものに向けられています。ちょっとくらいなら悪いことをしても構わないのではないか、肉が食べられなくなるなら倫理なんて気にしたくない、そう思っているのかもしれません。

前者の迷いがあくまで倫理の枠組みのなかで生じているのに対し、後者の迷いは倫理の枠組みの外側で倫理そのものに対する疑いとして生じています。それはちょうど、何らかの宗教において、神を心から信じつつ神が命じたのは何かと問うことと、神に不信を抱き、そもそも私には神に従う理由があるのかと問うことの違いに似ています。あるいは、子どもが成長の途中で発する、親はこれを許すだろうかという問いと、そもそも親の言うことにはいつでも従わねばならないのだろうかという問いの違いと言ってもいいでしょう。

倫理とは何かという問いは、倫理学のなかでは後者の問い、つまり、「悪いことをしてはならないのはなぜか」に関係づけられることが多いように思われます。実際、「これが正しい／不正なことであるのは分かっているのだけれど」という後者の迷いにあるとき、当事者は倫理の外側に足を踏み出し、その権威を疑っています。それは、それまで敬虔な信者だった青年が初めて神を疑い、そこから初めて神とは何かと真剣に問うのと同じように、人が倫理の支配を逃れて倫理とは何なのかを、あらためて求める問いだと考えられるのです。

　そのため、こうした問いは倫理の外側に立ってなされねばならず、この問いを分析するときには、倫理を中立に、客観的に分析することが求められてきました。実際、まだ親を心から愛し信頼している子どもが、親の振る舞いを本当は虐待ではないのだろうかと問うことは困難です。それを真剣に考えるためには、一度、自身の親への信頼を差し引いて客観的に親の行為のことを考えねばならないように見えます。それと同様に、倫理とは何かを真剣に考えるためには、まず倫理の外側に立とうとする必要があります。

　しかし、前者の迷い、前者の問いにおいても、倫理とは何かということを問う意味はあります。それは、東雲さんが求めているのが、倫理的知識だからです。つまり、肉食の経済的

51　なお、肉食を避けた食習慣が本当に健康を犠牲にするものであるかについては、様々な議論があります。

コストや健康への影響、美味しさといった、経済的知識、健康上の知識、味覚上の知識ではなく、倫理的知識を東雲さんは求めており、それに従って、行為を決定しようとしているのです。そうである以上、ある知識が倫理的なものか、それ以外のものか、ということは東雲さんの選択にとって非常に重要です。そのため、前者においても、倫理とは何かということは決定的な重要性を持っているのです。

したがって、以下では、「私は何をなすべきか」「悪いことをしてはならないのはなぜか」という二つの問いをそれぞれ掘り下げるなかで、倫理とは何かということをさらに探求してみたいと思います。

倫理の問題の例

「自分たちにとって大事なものを守るためにはどうしたらいいか」
「これから先、自分たちはどのように変わっていけばいいか」
「どうしてそうするの」「なぜそう考えるの」「これから何をしようか」

◆ムーアの三つの問い
「良いとは何か」「どれが良いものか」「良いものはどうすれば増えるか」

◆カヴェルの二つの問い
「私は何をなすべきか」「悪いことをしてはならないのはなぜか」

5・1・1　私は何をなすべきか〜これは本当に正しいことなのか

あらためて第一の問いについて考えてみましょう。ここでは東雲さんは、「動物を殺してその肉を食べてもいいか」を倫理的な意味で悩んでいます。しかし、どうしてそのような悩みを抱えることになってしまったのでしょうか。健康上の意味で悩んでいるなら、体調が悪いのかもしれません。経済的な意味で悩んでいるなら、お金がないのかもしれません。ですが、東雲さんは倫理的な意味で悩んでおり、倫理的な知識を求めているのです。どうしてそんなことになってしまったのでしょうか。

実のところ、私たちが平穏無事な日常を送れているなかでは、こうした仕方で倫理的な悩みを抱えたり、倫理的な問いを立てたりすることは、あまり多くはありません。日常的に私たちは様々なことを難なくやってのけていますが、そのいちいちに、これは倫理的に正しいことだろうか、などと考えたりはしません。私たちは身の周りの世界に対する一定の接し方を備えていて、それに従ってスムーズに物事をこなしています。

ですが、そうした接し方がときにうまく通じないことがあります。そこでは今までのやり方が通じない、スムーズにいかない、ひっかかりを覚える、摩擦を感じる、といったことが不安や気まずさ、居心地の悪さ、落ち着かなさ、驚嘆、苦悩、慄《おのの》きなどとともに経験されます。そして、そうしたときにはじめて、私たちは立ち止まって、これは正しいことだろうか、それとも間違ったことだろうかと考えることになります。

●日常にひっかかりが生じるとき

では、どんなときに、私たちの世界との接し方はうまくいかず、日常にひっかかりが生じるのでしょうか。典型的には、これまでの自分の経験のなかにはない、異質なものと出会ったときです。こうなるはずだったのに、そうはならなかった。そうしたものは私たちの外部からやってきます。これまでの自分の日常にはなかった何かとの出会い、自分とはまったく違う仕方で世界と接している人との出会い、そうした様々な出来事を通じて、私たちは自分の世界への接し方は一つの方法に過ぎず、別の接し方の可能性があるのだと気づかされます。たとえば、お祭りで綺麗な金魚をすくってきた日の晩ご飯が焼き魚だった、可愛い飼い猫が誇らしげに雀を狩ってきた、そうした出来事によって、東雲さんは、肉を食べるというそれまで当たり前だったことに、少しのひっかかりを覚えたのかもしれません。そして、たまたまヴィーガン向けのカフェに入店したことで、たまたまクリックしたサイトで工場畜産の現状を知ってしまったことで、好きな芸能人が菜食主義者だと知ったことで、東雲さんは「動物の肉を食べてもいいのだろうか」と悩み始めたのかもしれません。

立ち止まることになるのは、人や生き物との出会いに限りません。「はじめに」で挙げたいくつかの事例にあったように、これまでなかった新しい科学技術などとの出会いもまた、私たちに倫理の問いを投げかけます。新しい技術には、これまで通りのやり方が通用しないことが多々あります。遺伝子操作技術や人工知能の技術は、私たちの日常を根本的に変えてしまうかもしれません。そうしたものの出現を目の前にすることで、私たちは自分たちの日常を問い直すことになります。

もちろん、もっとずっと苦しい出会い方の場面もあります。たとえばいじめや差別にあったとき、ドメスティックバイオレンスやハラスメントの被害にあったとき。私たちは突如として、自分の日常のなかではおよそ許容し得なかった、存在が認められなかった圧倒的な暴力に曝されます。このとき、最初から最後まで「相手が悪い」「世界が悪い」という考えを貫ける人はそう多くありません。むしろ、こうした仕方で自分の当たり前の接し方が世界に通じなかったとき、多くの人は「私が悪いんだろうか」「私が悪いからこんなひどい目にあうんだろうか」「私のやり方が間違っているのだろうか」「私が我慢すればいいのだろうか」と考えてしまうものです[52]。

　そして癌などの大きな病、大地震などの天災、世界的な感染症の流行。こうしたものは、急に外からやってきて、私たちの日常を破壊し、根本的に変えてしまいます。日常は突如として失われ、私たちは非日常のなかに放り込まれます。そのなかで、私たちはなんとかしてもう一度日常を取り戻し、生きていく術《すべ》を探すことになります。

　一連の場面から、以下のようなことを見てとることができるのではないでしょうか。私たちは生きていく上で、自分たちのこれまでの世界との接し方にひっかかりを覚えたり、それがうまくいかなくなったりしたとき、あるいはうまくいかなそうな見込みを得たとき、これまでのやり方は本当に正しかったのか、この選択は本当に正しいのか、これから私は何をなすべきか、という問いをたてます。そこで問われている事柄や答え、求められている知識の内容は、何にひっかかりを覚えさせられたのかによって、それぞれの場面で違います。

しかし、いずれにしても、その背後に共通してあるのは、もう一度、うまく世界と接することができるようになりたい、そして日常を取り戻したい、そして可能であれば、これを機会により良い接し方を探したい、という思いではないでしょうか。

たとえば、ある人は、動物への関心と、自分のこれまでの食生活とを考えて、思い悩んでしまい、その苦悩を解消するために倫理的な確信を求めているのかもしれません。そして、少なくとも、工場畜産で生産された肉を食べることは正しくないと判断し、動物福祉に配慮

52　こうした当たり前の世界を守ろうとする反応の延長として、公正世界仮説や犠牲者非難のようなものも出てくるのだと思います。公正世界仮説とは、世界は公正にできており、良い人には良いことが悪い人には悪いことが起きると信じ込むバイアスです。

このバイアスを強くもっていると、自分は悪いことをしていない限りは安全である、仮に誰かが犯罪などの被害にあった場合、その人に何か落ち度や悪いところがあったから、そのような被害にあったのだ、と思い込み、犠牲者の側を非難してしまうことがあります。言うまでもなく、現実には世界はそのように完全に公正にはできておらず、残念ながら善人でも犯罪に巻き込まれてしまうことがあるので、この思い込みは不合理なものです。

した農場で生産された肉や卵だけを食べよう、と答えを出すことで苦悩を解消するかもしれません。

また、新しい科学技術を前に逡巡している人も、これまでの倫理的な知識が通じない見込みから、立ち止まってしまっているのかもしれません。彼らはその技術が存在する世界と、存在しない世界を想像し比較し、倫理的な確信に至ることで、その技術の開発を推進すべきか、規制すべきかを判断できるかもしれません。

あるいは、差別やハラスメントについても、自分は悪くない、相手が悪いという確信に至ることができれば、とるべき態度も決められるかもしれません。

もちろん、そこで得られた確信に基づいて、何かの対応がただちにとれるとは限りません。ですが、いずれにしても、それらを通じて、私たちは再び平穏な日常を取り戻そうとしていると考えることができるように見えます。その際、ここでの平穏は文字通りの平穏を意味しません。むしろ、日常の様々なことに泣いたり笑ったり怒ったり喜んだりできるという意味での平穏です。

●日常の成立にかかわる問い

そうした悲《ひ》喜《き》交々《こもごも》の日常を支えているものについての問いが倫理の問いだと考えるなら、倫理の問いと、それ以外の問いとの関係も少しずつ見えてきます。それは日常の内側で扱われる問いと、日常そのものを扱う問いの区別ということができるかもしれません。

たとえば、経済的な問いや健康上の問いは、基本的には、安定した日常のうちに含まれた問いであるように思います。つまり、値段や栄養、味の観点から肉を買うか、野菜を買うかという問いは、それを問うこと自体が日常の一部であることがほとんどでしょう。スーパーで晩ご飯に何を食べようかと悩むのは私たちのありふれた生活の一場面です。

他方、倫理の問いは、そうした日常の成立にかかわる問いです。動物の苦痛を考えて肉を買うことを躊躇《ちゅうちょ》する場合、そこで問われているのは、動物に対してどのような態度をとるか、ものを言わず、苦しみを直接に訴えることができない存在者に対して、どのように接するかということであり、これについて真剣に悩み何らかの答えをだすことは、これからの日常の在り方そのものを変えてしまう可能性をもちます（同時に、遡《そ》及《きゅう》的に、これまでの日常の評価も変えてしまいます）。それらは、経済的な事情で肉を買うかどうかを決めることを自分の日常の一部にしていてよいのか、ということへの反省を促します。

その意味でも、値段が安いかどうかといった単なる経済的な問い以上に、日常を覆すような問い、すなわち日常それ自体に対する問いになっているという意味でも、経済的な問い以上に、動物の苦痛を考えるということは、日常それ自体に対する問いになっています。

もちろん、経済的にひどく困窮したり重病を患ってしまったりすることで、これまで通りの日常を送ることが困難になることもあります。その場合、私たちは新たな日常のために、何らかの倫理的な決断を迫られることになり、そこには倫理の問いが現れることになります。

たとえば限られた貯金を子どもの養育費に充てるか、母の治療費に充てるか、といった場合です。そのとき、経済的な問いは同時に、倫理的な問いにもなります。あるいは経済を優先するか、人命を優先するか、という問いは、経済と倫理の対立というよりは、それ自体が倫理の問いです。経済を優先するという決断もまた、このとき一つの倫理的決断なのです。

●ひっかかりと不正義

毎日が摩擦やひっかかりばかりだと生きることが苦しくなってしまいます。そのため、ひっかかりはないに越したことはないでしょう。しかし、それでも、摩擦やひっかかりがまったくない毎日が良いこととも限りません。それはより良い方へと成長する機会を逃しているかもしれない、という意味でもそうです。しかしそれ以上に、本来なら、摩擦があるはずのことに、目をつぶってしまっていたり、ひっかかるべきところをごまかしてしまったりしているかもしれない、という意味で、それは非常に危険なことでもあります。

ひっかかりは、これまで扱ってきた善悪、正不正などのわかりやすい倫理の言葉というよりは、「うしろめたい」「居心地が悪い」『わりきれない感じがする」「やましい」「すっきりしない」「何かよからぬものを感じる」「筋が通らない」など、言葉にしにくい微妙なもので表れることが多いように思います。偏見や先入観というものは、本当に自分では気づきにくいものです。しかし、そうしたちょっとしたことに対する感受性こそ、私たちには必要なものであり、私たちは自分たち自身でそれを自覚的に育てていく必要があります。

第三章で言及したフリッカーは特に、このことを強調していました。認識的不正義について、彼女は証言的不正義とは別に、解釈的不正義というものを挙げています。解釈的不正義とは、差別的な偏見などに基づく認知的資源の不足から、人の社会的経験の重要な領域が覆い隠されてしまう不正義を指します。要するに、正しく事態を捉えるための情報に、社会的な偏見からアクセスすることができなくなっており、その情報の不足のために、本来在るべき仕方とは違う仕方である人を見てしまったり、その人の経験を評価してしまったりすることがとです。

私たちはしばしば、社会に密かに蔓延する集団的偏見に基づいて、それは何でもないこと、そういうもの、としてしまうことによって、誰かに対する不正義をなかったことにしてしまいます。それは、証言的不正義の場合と同様、被害者の側からもです。こういう目に遭うのが、自分たちの日常なんだと。しかし、注意深く見回していけば、ひっかかりに気づくことができるかもしれません。そして、被害者の方も、これはおかしい、これは私たちの望む日常ではない、と気づくことができるかもしれません。たとえば、そのひっかかりに名前を与えることはその第一歩かもしれません。[53]

ひっかかりに目をつぶって見たいものだけを見ているとき、私たちの倫理は歪んだものとなっています。他人の平穏な日常を奪っておきながら、自分だけは様々なごまかしの上に、何事もないようにして暮らしていはしないか、世界を自分に都合のいいように解釈してはいないかと、私たちは常に疑う用意をもっておくべきです。

●「かかわりあい」としての倫理

さて、以上を踏まえて、ここでは倫理というものを、私たちと世界との「かかわりあい」

と捉えたいと思います。それは私たちの日常を支えているものであり、私たちの世界の見方、私たちが世界に向ける態度に基づくものです。

　ここで言う「かかわりあい」とは、私と世界の間の関係性、状態を表しています。私たちの特定の見方や態度に基づいて、かかわりあいという関係性は結ばれています。ここでの見方や態度には、意図は必ずしも含まれていません（むしろ、見方に基づいて意図は形成されると考えられます）。そして、こうしたかかわりあいの継続によってもたらされているのが、私たちの日常です。

　倫理の問いが現れるのは、ちょっとしたひっかかりからこれまでの世界とのかかわりあいが信じられなくなったり、あるいはもっとひどく、これまで結んできたかかわりあいが断ち切られたりすることで、日常がゆらいだときです。世界とうまく付き合えなくなることは、自分ともうまく付き合えなくなることを招きますし、その逆も然りです。

　世界とは何であるか、何がそうしたかかわりあいであるかについては、様々な考え方があ

53　フリッカーは、自分が受けていたものにセクシュアルハラスメントという名を与えられたことで、初めて自分が不正義をなされていたことに明確に気づく女性の例を挙げています。

り、倫理学の理論によっても、それぞれに異なっています。私の生きる世界とはまずもって人間社会のことであると考える人もいれば、私とかかわりあいをもつ世界には動物や自然も含まれるという人もいるでしょう。

世界とは人間同士の世界であると考えるなら、私たちはそうした世界を構成する周囲の人々との間で交わすお互いの振る舞いや態度を通じて、彼らと、すなわち世界とかかわりあいをもっています。したがって、その理解のもとに倫理を考えるとは、彼ら人々に向ける振る舞いや態度の是非を考える、ということになります。

とはいえ、人間社会というのがどこまでの範囲をもつのかには検討の余地があります。生命倫理や科学技術の倫理においては、まだ生まれていない受精卵や胎児、未来世代の人々が世界に含まれるかどうかが議論の対象になります。あるいは、差別という文脈を考えるなら、特定の国や地域の生まれの人たち、特定の身体的特徴をもった人たち、祖国を追われた人たちを不当に自分たちの世界から排除していないかが問われます。

本来なら彼らはともに世界を生きる同朋とみなされるべきです。しかし、差別をするとき、人はしばしば、そうした人たちが世界にいないもの、あるいはいるべきではないものとみなしているのです。同性愛者に対する差別的な政策を批判されたある都市の市長が「我々の街には同性愛者などいない」と答えたように。[54]

他方で、世界を人間同士のものに限らず、動物倫理学や環境倫理学の理論家が議論しているように、動物たちや自然環境も世界のうちに含める人もいるでしょう。その意味では、そもそも、かかわりあいをもつ世界に含まれるのは、必ずしも生命をもつものには限られません。身の回りのもの、路傍の石ころ、自然現象、様々なものと私たちはかかわりあっています。

また、もっと極端に、私の世界には私しかいない、と考える人もいるかもしれません。これは哲学的には独我論と言われる考え方です。ですがその場合であっても、「私」というもの、「私という意識」にこだわるのなら、過去の自分、未来の自分、理想の自分との関係、あるいは思考の客体としての自分と主体としての自分との関係という意味で、世界は存在し、そこに倫理の問いが生じる契機はあるかもしれません。あるいはそれすらも超えて、自己や

54　BBC News（2014）"Sochi mayor tells BBC: No gay people in our town"（2014.1.27）日本でも２０２０年に、足立区の区議がＬＧＢＴに対する差別的な発言をして批判された際に「私の身の回りには、（ＬＧＢＴに）該当する人がいない。親戚にもいない」と述べています。https://times.abema.tv/news-article/8627788

意図といったものを離れ世界と私の境目をなくしていく、というのは、かかわりあいの究極的な形と言えるかもしれません。[55]

かかわりあい、という言葉はつかみどころのないものに感じられるかもしれません。しかし、ここであえてかかわりあいというふわっとした言葉を使ったのは、単なる人間同士の付き合いに回収されることのない、広い意味での関係性を指すためです。すでに述べてきたように、倫理は目の前にいる人間同士の間でのみ成立するものとは限りません。

また「かかわり」ではなく「かかわりあい」としたのは、何かが何かに一方的にかかわるのではなく、自他のかかわりはおよそ相互的なものであると考えられるからです。[56]ウィリアムズやテイラー、フリッカーが示したように、私たちのアイデンティティは自分一人だけで確立できるものではありません。そして、私たちが誰かにかかわるということは、常に、彼らによってかかわられるということでもありますし、そのような仕方でかかわらせてもらっているということでもあります。誰と（あるいは何と）どのようなかかわりあいを結んでいるかが（あるいはかかわりあいをもたないようにしているかが）、取りも直さず自分自身とはどんな存在かを規定しているのです。

たとえばあなたはどんな人か、ということはあなたがどんな人と付き合い、その人をどんな人と受け止めているか、どんな本を大事に思い、どんな本棚にどんな順番で並べているか、どんなものを美味しいと思い、どんなふうに食べているかなどによって、決まっているのです。

そこには偶然的なものもあり、必然的なものもあります。意図的にかかわったもの、かかわりあい続けているものもあれば、たまたまかかわりあったもの、かかわりあい続けているもの、さらには、いつのまにか勝手にかかわりあってしまっているものもあります。

しっかりと安定しているかかわりあいもあれば、ちょっとしたひっかかりで容易に失われてしまうものもあります。バスの座席を譲るとか、道を上手にすれ違うといった一瞬で成立するものすらあるでしょう。いずれにしてもそうしたすべてを含めた、自他のかかわりあいを指して、ここではかかわりあいと言いたいと思います。そうした無数のかかわりあいの上

55　平井杏子は、マードックの思想はまさにそうした無を目指すものであったと指摘しています。平井杏子（1995）『アイリス・マードック』（彩流社）

56　そうした相互作用を中心とした倫理として伊藤亜紗は「ふれる」という概念を中心とした「手の倫理」という考え方を提唱しています。彼女によれば「さわる」が一方的な関係であるのに対し、「ふれる」はお互いの信頼に基づく相互的な関係です。『手の倫理』（講談社）

で、私たちの日常は成り立っています。

●日常とかかわりあい

「日常」という言葉も捉えどころのないものです。倫理学においては、倫理の問題は「人はいかに生きるべきか」を問う「生き方」の問題であると言われることがあります。しかし、「生き方」という言葉は積極的で意識的な要素、進んで選び取るという要素が強すぎるように思います。

実際のところ、選択という要素は第一章で取り上げたマードックが批判したように、倫理の一側面を表しているに過ぎません。そうではなく、倫理というのはもっと不断にあるもの、無意識的なもので、ただ私たちによってそう生きられているもの、でもあるのではないでしょうか。そうしたものを表すために、ここでは「日常」という語を用いています。

確かに、「人はいかに生きるべきか」という問いは、人生の選択にかかわるものであり、そこで指針として働くのが倫理であるという考えはもっともなものです。しかし、他方で、第一章で取り上げたマードックに言わせれば、倫理というものはそうした選択の瞬間に突如として現れる何かではありません。むしろ、選択と選択の間に重要なことはあるのだ、と彼女は強調しています。

たとえば、これもマードックが挙げている事例ですが、私たちはふっと窓にやってきた美しい一羽の鳥に目を留める。そのとき、私は何を選択したわけでもありません。ただ、そこで私はなんとなく外に目をやり、偶然にもそこにやってきた鳥の姿に心を奪われている。こうした場面のなかにも、私の倫理的な在り方は現れています。

あるいは、昔は目を留めることなどなかった、ただの動く物体としか認識していなかった鳥が、生き生きとして美しい羽を広げ、ともに世界を生きる同朋として目に映るようになる。これも特別な選択に基づくものではありませんが、一つの倫理的な成長と言えるでしょう。大げさな選択の瞬間よりももっと手前で、私たちの日常のなかで培われ、そうした日常を支えているのが倫理なのではないでしょうか。

とはいえ、このようにかかわりあいの意味を広くとると、何でもかんでも倫理の問題になってしまうのではないか、という批判がありそうです。たとえば、理想像基準に立つような人は、人間の理想像にかかわることだけが倫理の問題なのであって、それ以外のものとのかかわりあいは倫理の問題ではないと言いそうです。この指摘はある程度正しいと思いますが、それでも、やはり私たちの生活のすべてに倫理は浸透しているのだという、マードック的な考え方をここでは支持したいと思います。それは、角度を変えてみるなら、実際に何でも倫理の問題になるということでもあります。

アスパラガスの育て方であれ、洗濯物の干し方であれ、ある意味では、そこに私たち自身の倫理が表れています。水のやり方、衣類のしわの伸ばし方のひとつひとつについて、アスパラガスや衣類に対する態度、あるいはそれを食べる人やそれを着る人に対する態度を問うとき、私たちはそれをそうしたものたちとのかかわりあい方、すなわち倫理の問題として問うているのです。

> 倫理とは、世界とのかかわりあいのこと。それは私たちの世界の見方、私たちの世界との接し方に基づき、私たちの日常を支えている。
>
> 倫理の問題とは、そのかかわりあいのゆらぎや危機に際して、日常を回復するためには、あるいは新たなより良い日常を生み出すためには、どうしたらいいかを問うもの。

5・1・2　悪いことをしてはならないのはなぜか〜倫理には本当に従わねばならないのか

これらのことがより強く、しかし、より捻《ね》じれた仕方で、表れてくるのが、もう一つの問い、すなわちすでに倫理的な確信に到達した上で、なお、立ち現れてくる「悪いことをしてはならないのはなぜか」「倫理には本当に従わねばならないのか」という問いです。これは倫理そのものについての疑いを示しているので、倫理に対する懐疑論と呼ぶことができます。今度はこちらに目を移してみることで、前項で述べた世界とのかかわりあいのことが倫理であるという主張が本当に妥当なものと言えるのかを確認してみましょう。

●カヴェルの懐疑論

さて、直接この問題を扱う前に、少し寄り道して、先ほど登場したカヴェルの議論を見てみたいと思います。カヴェルは、ウィトゲンシュタインの研究者であり、哲学における懐疑論研究の第一人者の一人です。哲学における懐疑論というのは、疑い、特に存在や知識についての疑いを表明する議論です。

たとえば、私たちの認識の外に本当に世界は存在しているのか。私たちが眠っているとき、世界は消滅しているんじゃないか。実は世界は五分前に作られたのではないのか。私たちは絶対に確実な知識というものを本当に手に入れることができるのか。私は本当に存在しているのか。一つ前の段落で述べた倫理に対する懐疑論は、倫理の正当性や権威に対する疑いを表明する立場でした。

懐疑論というのはやっかいなもので、直観的には疑わしく感じられるものの、完全に追い払うことは非常に困難です。たとえば、他人の心というものについて考えてみましょう。あなたは自分以外の他人が心をもっていることを証明できるでしょうか。他人は心をもたないロボットではないと、どうして言えるのでしょうか。

もちろん、心理学や生物学、物理学、哲学、文学などのあらゆる知見をもって、他人にも心は存在するということのそれらしい「証拠」を提示することができます。しかし、どれだけそうした「証拠」をもってきても、心自体を目の前に取り出して示すことができない以上、根っからそれを疑っている人を納得させることは難しいでしょう。彼は自分以外の人間をよくできたロボットと捉え、いかに心がありそうな仕方で振る舞っていても、結局のところ、彼らは機械であってそこに心などないかもしれない、私たちは他人の心について本当に知ることはできない、と主張するかもしれません。

懐疑論を批判する多くの哲学者とは違って、カヴェルはこうした懐疑論に対し、それを全面的に否定することはできないと述べます。[57]私たちは結局のところ、他人に心が存在するかどうかを知り得ません。その意味で、私たちは懐疑論に対し、真っ向から議論を挑んで応答することはできません。

したがって、懐疑論者に応答するのには別の方法が必要となります。そこでカヴェルは、そもそもの懐疑論者の問いを別の仕方で捉え直します。すなわち、懐疑論者らが求めているのは、他人の心の存在についての確信ではなく、世界からの応答であり、共感である、それゆえに、懐疑論者に相対するとは、彼らを承認することである、とカヴェルは考えます。私は他人から隔てられている、私は孤絶している、という訴えが懐疑論の主張であり、それを乗り越えるには互いに共感しあい、承認しあうしかない、とカヴェルは考えるのです。

●倫理的懐疑論と日常を愛おしむこと

こうしたカヴェルの議論は、目下の問題にも応用することができると思います。今、肉食に関して「倫理に本当に従わねばならないのか」と悩む東雲さんは、倫理について懐疑を抱

57　S.Cavell（1969）*Knowing and Acknowledging* より。

いている人と言うことができます。東雲さんは、動物の肉を食べることが倫理的に不正であり、すべきではないということを知らされており、そうした確信を得てもいます。したがって、これ以上、倫理についての知識をどれだけ述べたとしても、問題の解決にはなりません。そうしたことをすべて理解していても、なお、東雲さんは苦しみ、疑わずにはいられないのです[58]。

これは、カヴェルの議論を応用するなら、私は倫理から隔てられている、という気持ちの表現であり、さらに前節での議論を踏まえるなら、これまで生きてきた世界とのかかわりあいが絶たれかけているという訴えです。だからこそ、これを乗り越えようとするなら、世界とのかかわりあいについての知識を与えるだけでは足りません。そうではなく、この人は再び、世界とかかわりあい、承認し合えるようになるか、ということがここでは問われています。そのため、もう一度、平穏な日常というものを信じてみる、そう思えるような関係性を取り結ぶ可能性を示すということこそが、倫理についての懐疑論に答えるということになるのではないでしょうか。

そうした世界とのかかわりあいの取り戻し方もまた、様々な倫理学理論のなかで語られています。その際の在り方の一つに、たとえば、ローティも強調していた、偶然性への気づきがあると思います。なかでも、哲学者の宮野真生子《みやのまきこ》は、九鬼周造《くきしゅうぞう》の偶然論を論じるなかで、「やましさの倫理」という言葉を使っています。彼女は、自分以外の誰かが災禍に見舞われた場合に感じる「やましさ」は、その誰かは自分だったかもしれなかった、でも偶然にもそれは私ではなかった、ということに根ざすと指摘しました。災害や事故にあってしまった人に対して「やましさ」を感じるなかで、この私という存在は偶然そのようになっているものに過ぎないということを私たちは気づかされます。

安定していると思っていた私たちの日常生活は、脆《もろ》く崩れやすいものであり、その根底には、偶然がある、と宮野は強調します。世界も、他者も、他者との関係で規定される自己も、すべてはこの偶然性を逃れることはできません。しかし、この偶然を意識したとき、私たちは今、他の仕方でもあり得たのに、たまたまこうなっている日常、そこにある自己と他者、

58　コーラ・ダイアモンドは、このようなカヴェルの議論を見事に描きだしたのがジョン・クッツェーの『動物のいのち』という作品であると指摘します（「現実のむずかしさと哲学のむずかしさ」）。そこでは主人公の肉食を巡る苦悩、生きることの困難さが描かれています。ダイアモンドの論考は『〈動物のいのち〉と哲学』に収められており、同書にはカヴェルからの応答も収録されています。

59　（『出逢いのあわい：九鬼周造における存在論理学と邂逅の倫理』293‐294頁）

世界のかけがえのなさに気づくことができます。彼女はこうした偶然性の倫理を「日常を愛おしむ倫理」と表現しました。[59]

目下の議論にもう一度引きつけて言うなら、それは見方の変化と言えるかもしれません。世界の偶然性を意識することで、日常生活はこれまでとは違った仕方で見えるようになります。それは、見方を変えようという意識的な選択をした結果ではありません。「やましさ」を感じたことで、「かけがえのなさ」に気づき、そこから「愛おしむ」ように日常を見るようになる。このプロセスそれ自体がすべて偶然に基づくものですらあります。しかし、それこそがある人の倫理的な成長であり、そんな人の成長は愛おしいものだと言えるように思います。

5・2　倫理と四つの基準——第一章との関係から

ここまで本章では、倫理とは世界とのかかわりあい、それに支えられた日常と述べてきました。こうした理解は、これまでの章で述べてきたことと、どのように関係しているでしょうか。

まず考えなければならないことは、重要性基準、理想像基準、行為基準、見方基準の四つの倫理の捉え方との関係です。これらは、今や、それぞれが、倫理の異なった側面を表しているのだ、と考えることができます。

重要性基準はそれぞれ、世界とのかかわりあいを保ち、日常を維持するために必要なもののことを語っているように見えます。生物学的な、あるいは社会的な存在としての人間にとって重要なものを傷つけることは、それだけ自他とのかかわりあいを危うくするでしょう。もちろん、人間にとって重要なものは何か、ということには様々な考え方があります。しかし、重要なものとは幸福だと考える立場、尊厳だと考える立場、自由だと考える立場、気づかい（ケア）だと考える立場、いずれの立場をとるとしても、これらが脅かされることは取り直さず、日常が奪われることにつながっています。

理想像基準は、そうした重要なものによって支えられた日常をより良くしていくには、より完成に近づけていくにはどうしたらいいか、というものだと考えられるでしょう。私たちはどんな日常を送っていきたいか、どんな日々を自分の日常として思い描くか、ということが、理想像を示すものとしての倫理であると思います。

行為基準と見方基準は、世界とかかわりあう方法についての提案であるように思います。私たちは行為によって明確に自他とつながりますし、同時に、世界を歪めることなく見ていなくては、世界とうまくかかわりあうことはできないでしょう。

しかし、より重要なことには、見る、見られる／見える、見させるという関係自体がかかわりあいの一つの形です。その意味では、世界の見方そのものとしての倫理という捉え方は、その他の基準とは一線を画します。他の三つの基準はかかわりあいを維持したり、より良くしたりすることに関連しますが、見方基準はそうしたかかわりあいそのものを倫理と考えるからです。このことから、見方としての倫理を基礎として、それぞれの見方ごとに重要なものや理想、行為の仕方が定まってくるという構造をこの四つの基準の間には見出せるのではないでしょうか。

いずれにしても、倫理の問題とは、こうしたかかわりあいがゆさぶられ、日常がゆらいだときに、それを回復し、再び継続するために現れる問題です。

5・3 倫理と客観性、主観性——第二章との関係から

したがって、第二章の主題、そうした問題の答えが客観的か、主観的かという問題は、かかわりあいの相手である世界をどのようなものと捉えるか、そしてどのような見方をもっているかに依存します。

客観的な物理世界やその世界の住人たちとのかかわりあいを求めるなら、答えは客観的なものになるかもしれません。自他の心の在り方やその働き方がデータとして予測可能なものとして与えられるなら、脳の状態をモニタリングしたり、実験をしたりすることで、上手なかかわりあい方も予測可能なものになるはずです。その場合、社会学や心理学が提示する経験的なデータの積み重ねが、指標を示してくれることも期待できそうです。

　他方、心や世界をそのようなものとは捉えないのなら、それらとのかかわりあい方について、客観的な答えでは不足かもしれません。私たちは、確かに、実験や観察などで外側から計測できるような物理的な仕方以外でも他者や世界とかかわりあいを持っているように感じることがあります。倫理をそのような仕方でのかかわりあいと考える人は、倫理の答えもまた必ずしも客観的な何かによって基礎づけられない仕方で捉えることでしょう。

　さらには、かかわりあいなどというじめっとしたものは、客観的物理世界のどこにも居場所をもたないということの方が明らかになるかもしれません。その場合は、答えなどどこにもない、あるとしても、それは各人の思い込みのなかにだけだ、ということが、正しいということになるかもしれません。結局のところ、客観的な答えがあると考える人、ないと考える人は、それぞれに自分自身が世界や人の心の在り様をどのようなものと捉えているかを示しているのではないでしょうか。

5・4　倫理と真理、言語——第三章との関係から

　第三章の主題であった真理についてはどうでしょうか。ウィリアムズが述べたように、真理へのこだわりは、私たちが自他を信頼しともに生きるために必要なものです。これは本章での議論に従って言い換えれば、「真理に向ける信実」という態度は、そうした仕方でかかわりあいを維持するために必要なものである、ということです。しかし、同時にローティやカヴェルが示しているように、「真理への信実」という態度だけによって、かかわりあいを維持することはできません。

　だからこそ、倫理的な言葉は単に倫理的な真理を伝えるためだけに発されるものと考えるべきではないでしょう。カヴェルは、言語哲学によって懐疑論にアプローチした哲学者でもありました。分析哲学の研究者である荒畑《あらはた》靖宏《やすひろ》は、カヴェルの哲学は、日常言語に訴えることによって「世界に再び命を吹き込み、同時に私自身の存在を回復すること」（「日常性への回帰と懐疑論の回帰：スタンリー・カヴェル」191頁）を目指していた、と形容しています。そしてそれは同時に「他者の存在を承認することでもある」（同）。

だとすると、倫理の言葉の記述的な用法とは、命をもったものとして世界を描き出すことであり、助言的な用法とは、倫理に迷う人に世界とのかかわりあいを取り戻し、その存在を回復する方法を示すことであるかもしれません。そしてまた、その方法が、幸福を増やす行為、義務を果たす行為、有徳な人となることなど、様々な仕方で語られることになります。

第五章のまとめ、終わりに

倫理の問題は様々な仕方で現れます。しかし、それらは基本的には、私たちの日常がゆらいだときに登場するのではないか、ということから、倫理とは何かということを論じたのが本章でした。

具体的には、本章ではまず「これは本当に正しいことなのか」という倫理の基本的な問いはどのような場面で生じるのかという検討をし、そこから「日常のひっかかり」をヒントに、「世界とのかかわりあい」を倫理と考える、と示しました。次に、「悪いことをしてはならないのはなぜか」という問いを検討するなかで、このような倫理の捉え方は妥当であるか、そしてその捉え方からして倫理への懐疑論者に対してどのような応答ができるか、ということを検討しました。

そういうわけで、倫理とは何かという問いに対する本章の結論は、倫理を私たちの日常を支える、世界とのかかわりあいと捉えるということでした。この結論に従って考えるなら、様々な倫理学理論は、そのなかで何を世界に含まれるものと捉えるか、何をかかわりあいと捉え、それにとって必要なものを何とみなすかで、それぞれの主張を行っているように思われます。この「捉え方」を根本に置く点で本書は見方の倫理に肩入れしているということになります。

どんな理論やそれに基づく知識をもってしても、倫理に対する懐疑論を根本的に否定することはできません。倫理などいらない、すなわち、世界とのかかわりあいなんていらない、という人に、かかわりあいを強制することはできません。そうしたかかわりあいの否定は、自分勝手なナルシシズムの結果とは限りません。ひどい苦難に苛《さいな》まれ、世界に対する信頼を失ってしまった人もいるかもしれません。そんな人たちに、何を言うことができるでしょうか。

私たちは受精卵としてこの世界に放り込まれ、成長するなかで、何がそうした世界には含まれているのか、それらとどんなかかわりあいが結ばれ得るのかを学び、それらとのつきあい方を修得していきます。他の人によって世界から排除されている人たちが目に入ることもあるかもしれませんし、自分が排除されていると感じることもあるかもしれません。すべてのかかわりあいを絶ち、自分の世界から自分を消してしまいたくなることもあるかもしれません。

しかし、他方で、どんなときでもいろいろなかかわりあいが私たちを取り巻いてもいます。そうしたものを自分の都合で歪めて見ることなく、それらと丁寧に付き合いながら、そしてときにそれらの偶然性に思いを馳せながら、自分たちの日常を送っていくことが、結局のところ、倫理に対する懐疑論への応答となるのではないでしょうか。

私たちの多くは、幸運にも、これまで世界のなかである程度安定した日常を送ってきましたし、きっとこれからも送っていくと信じていますが、そうした日常は根源的に偶然によって成り立っている、とても壊れやすいものです。多くの人々の善意、努力、優しさ、などによって、ぎりぎりのところでかろうじて支えられているものが、この日常です。だからこそ、そのような自身も薄氷の上で成り立っている日常の側から、なお世界にかかわり続けることで、私と懐疑論者の両者を含む「私たち」にとっての新たな日常を作り出していくこと、作り出し続けていくこと。懐疑論に応えるにはそうした不断の営みしかないのではないか、ということなのです。

そして、これが本書の冒頭で掲げた問い「倫理の問題にどんなふうに向き合えばいいのか」への答えです。

補章◆メタ倫理学をもっと勉強したい人へ

文献リスト

T. SATO

本書は倫理学についての予備知識をまったくもたなくても読むことができる、ということを目指してきました。そのため、専門用語などは極力排除してきましたが、そのために逆にまどろっこしかったり、分かりにくくなってしまったりした箇所があったかもしれません。また、本書をきっかけにして、もっと倫理学、特にメタ倫理学について勉強してみたい、と思った人もいるかもしれません。

本章ではそうしたことを勘案して、少し専門的な術語も使いながら、本章の中身を簡単に解説してみたいと思います。と、同時に、いろいろな言い訳もしたいと思います。また、ブックガイドも兼ねていますので、ぜひ、本書の次にそれらの本にも挑戦してみてもらえればと思います。基本的には日本語で書かれたもの、日本語訳のあるものをピックアップしました。入門書、一次文献を中心に、なるべくまとまった著作を紹介するようにしましたが、適当な書籍がない場合は、学術論文のなかからなるべく一般の人でも読めるようなものを選んで紹介しています。

第一章　倫理の問題って何？——「そもそも倫理って何のこと？」

この章の第一の目的は、倫理の問題というのは分かっているようで、あらためてまじめに考えようとするとよく分からない、ということを理解してもらうことでした。20世紀の倫理学では、分析哲学という手法を基礎にするものが主流を占めていましたが、ここでも倫理の問題という概念を分析してみることで、私たちが何を問題にしているのかを取り出してみようとしたわけです。

こうしたやり方は、一般にメタ倫理学と言われています。それは倫理学が実際に、私たちは倫理的に見て何をなすべきか、ということを問題にするのに対し、それよりも一歩メタ的な視点に立ち、どうして倫理的に何かをしなければならないのか、なすべきというのは何を意味しているのか、を論じようとするためです。

とはいえ、メタ倫理学が本当に倫理学から独立に為され得るか、という点には異論も多くあり、マードックはそれを不可能と指摘しています。本書を読んだ人も、一歩退くと言ったわりに、ああするべきだ、こうした方がよい、という規範的な主張が多いと思われたかもしれません。

・**赤林《あかばやし》 朗《あきら》・児玉《こだま》 聡《さとし》**編『**入門・倫理学**』（勁草書房）：日本語で書かれた倫理学の教科書として定評のある一冊です。

・**伊勢田哲治《いせだてつじ》『動物からの倫理学入門』**（名古屋大学出版会）：本書でも肉食を事例に扱っていますが、この書籍はより丁寧に動物倫理学を中心に置きながら、倫理学全般について書かれたテキストです。

・**佐藤岳詩『メタ倫理学入門：道徳のそもそもを考える』**（勁草書房）：自分の著作で恐縮ですが、メタ倫理学を勉強するためのテキストとして書いたものです。

・**蝶名林《ちょうなばやし》 亮《りょう》**編著**『メタ倫理学の最前線』**（勁草書房）：入門の次がいきなり最前線かよ、という感はあるのですが、基本的には最前線のことを分かりやすく丁寧に紹介するというコンセプトで編まれた一冊なので、ぜひチャレンジしていただければと思います。

・倫理学者たちの見解

この節では、フット、ヘア、アンスコム、マードックの四人の倫理学者の立場を中心に、倫理とは何のことなのかを検討しました。

なぜこの時代、なぜこの四人なのか、という点について、もう少し踏み込んだ説明は以下のようになります。古典のなかでも当然、倫理とは何かということは探究されています。しかし、近代以前では倫理についてはその時代、哲学のコミュニティごとにある程度、それぞれのなかでのふわっとした合意があり、それほど主題化して問われてはいない傾向があるように思います。

また、アリストテレスでは、カントでは、ニーチェでは、とビッグネームを並べることも可能なのですが、彼らは直接に一つのテーマを巡って議論をしていたわけではなく、どうしてもかみ合わない部分が出てきます。たとえば、そもそも倫理学を政治学の一部と考えていたアリストテレスと、倫理とは絶対的で他に違った在り方を想像できないような何かのことだとするウィトゲンシュタインの議論をかみ合わせるのは容易ではありません、というか、それをするには筆者の力量が足りません。

それに対して、今回取り上げた論者たちの多くは同僚として普段から顔を合わせる間柄であり、互いの議論を知り尽くした上で、なお論争を行っています（その分、書かなくても分かるよな？　という省略が多いのが部外者にとっては困りものです）。したがって、一つのテーマをめぐっての議論の深まりを見ていくという点では、この時代の論争を見ることには意味があると考えられます。

また、その後の時代では駄目なのかということでいうと、メタ倫理学は20世紀後半から、倫理の研究から、規範ないし規範性一般の研究に軸足を移していきます。そのため、倫理そのものが問われることは少なくなっていきます。こうした点からも、倫理とは何のことなのかということを、メタ倫理学の研究成果から紹介するという目的を果たすには、この時代のオックスフォードに注目するのが最適なのではないかと考えました。

フットの立場は、様々な変遷を経て、最終的に自然主義と呼ばれるものに落ち着きました。本書でも紹介した、生き物としての人間にとっての善とは何か、ということに着目する思想です。アリストテレスの倫理学を源流に持つ自然主義は、フットを経た後で、ロザリンド・ハーストハウスによって洗練され、現在では現代徳倫理学の代表的理論として、人気を博しています。

ヘアの立場は、普遍的指令主義と選好功利主義という言葉で表現されます。普遍的指令主義とは、道徳判断とは指令的であり、かつ普遍化可能であるという主張です。指令的とは、「～は良い」などの道徳判断は聞き手に指令を下すものである、ということです。ただしここでの指令とは、命令よりも、助言や推奨のニュアンスの方が近いものです。普遍化可能性とは、４・２・１節で挙げた「もしＸであることが、何かを禁止する理由だと言うなら、Ｘであるものすべてを禁止するのでなければ筋が通らない」という特徴のことです。

道徳判断が指令性と普遍化可能性を有するという考え方は、20世紀後半以降のメタ倫理学においては、広く受け容れられていき、現在ではサイモン・ブラックバーンらによる表出主義、マイケル・リッジのハイブリッド説などの形でより洗練されたものとなっています。また、功利主義については、本書ではあまり取り上げてきませんでしたが、ヘアは功利主義者としてもよく知られています。本書で中心的な例として活用してきた「動物の肉を食べてもいいか」という論点は、動物倫理というジャンルで広く論じられていますが、その第一人者の一人であるピーター・シンガーはヘアの強い影響を受けて、功利主義の立場から工場畜産の廃止を訴えています（ヘア自身は「工場畜産には反対するけれど、菜食主義者にまでなる必要はない」という論文を書いています）。

倫理学の歴史においてはこのフットとヘアの論争にはその後、さらに様々な論者が参戦してきます。ウィリアムズや哲学史家のジョージ・ワーノックらは、ヘアを批判して後期フットの重要性基準への支持を表明しました。ワーノックは、大事なものなら何でも倫理の事柄というのは無茶苦茶だと言って、人間の幸福などにかかわっていることだけが倫理の事柄だ、とする人間性基準を擁護しました。

他方、独創的なフェミニズムの主張で知られるメアリー・ミッジリーらは、後期のような人間にとっての良いこと、害あることという要素を取り入れる前の初期フットこそ正しいとし、「道徳性とは端的に最上級に深刻なことだ」と述べました。[60] ミッジリーは、確かに幸福は倫理の事柄だが、それは幸福が重要なものとみなされているからだ、よって重要性基準の方が正しいと、ワーノックに反論しました。

彼らの争点は、道徳がそれ自体として重要であるかどうか、という点をめぐってのものでもありました。特に、ウィリアムズは道徳という制度がいかにして自身を重要なものと見せかけたか、そしてそれがいかに不当なことか、ということを『生き方について哲学は何が言えるか』という著作において強力に論じています。

アンスコムは、生前、『インテンション』の一冊しか単著を残さなかったこともあり、日本では行為論の文脈で読まれる傾向が強いように思われます。しかし、彼女の主たる関心はやはり倫理にあり、最終的に倫理とは何なのかを理解するために意図や行為の研究を行った、というふうにも考えられると思います。

実際、アンスコムの道徳批判、帰結主義批判などの思想は、第三章で登場したウィリアムズにきわめて大きな影響を与え、彼によって大きく展開されたと言えるでしょう（ウィリアムズは１９５０年代にフットとアンスコムが共同で行っていた授業に参加していて、大いに刺激を受けたとされています）。日本では、古田《ふるた》徹也《てつや》が『それは私がしたことなのか』『不道徳的倫理学講義』という二冊の著作を通じて、アンスコムからウィリアムズを経由して現代倫理学についての議論を行っています。

マードックは日本では小説家としての方が名前が通っています。しかし、欧米では哲学者として無視できない影響力をもっており、ウィリアムズと同じく第三章で登場したローティやテイラーの他、現代哲学界の巨人、ジョン・マクダウェルやヒラリー・パットナムにも多くの影響を与えています。見方の倫理というのは、主流のメタ倫理学理論からすると異質の考え方であり、どのように扱えばよいかが難しいものです。とはいえ、近年では様々な論文集が編まれるなど再評価が進んでおり、今後の研究が待たれます。

・**フィリッパ・フット『人間にとって善とは何か：徳倫理学入門』**（筑摩書房）：フットの唯一の単著です。入門というにはだいぶハードルが高いですが、フットの思想の到達点です。

・**ロザリンド・ハーストハウス『徳倫理学について』**（知泉書館）：フットやアンスコムが先《せん》

60 Warnock G.J.（1967）*Contemporary Moral Philosophy*, Palgrave
Williams B.（1972）*Morality – An Introduction to Ethics*, Cambridge University Press
Midgely M.（1972）"Is 'Moral' A Dirty Word?" in *Heart and Mind*, Routledge, pp.119-153

鞭《べん》をつけた徳倫理学の思想を一つの理論としてまとめ上げたものが、この一冊です。

・**リチャード・ヘア**『**道徳の言語**』（勁草書房）、『**自由と理性**』（理想社）：ヘアの代表的著作です。

・**ピーター・シンガー**『**新版　実践の倫理**』（昭和堂）、**カタジナ・デ・ラザリ＝ラデク、ピーター・シンガー**『**功利主義とは何か**』（岩波書店）：シンガーの実践倫理学を理論的な基礎からしっかり学ぶならここからスタートするとよいでしょう。

・**エリザベス・アンスコム**『**インテンション――実践知の考察――**』（産業図書）：アンスコムの文章はわかりにくく、読み切るのは大変ですが、アンスコムを理解しようとするなら他に換えがきかない一冊です。

・**古田徹也**『**それは私がしたことなのか：行為の哲学入門**』（新曜社）、『**不道徳的倫理学講義：人間にとって運とは何か**』（ちくま新書）：古田の一連の研究は、選択の倫理中心の倫理学研究に風穴を開けるものになっています。

・**アイリス・マードック**『**善の至高性：プラトニズムの視点から**』（九州大学出版会）：マードックの哲学における代表作です。

・**佐藤岳詩**「**二つの倫理学：選ぶことと視えること**」『Humanitas』、第8号、玉川大学学術研究所人文科学研究センター年報、「C．**ダイアモンドの分析的倫理学批判：分析対象としての倫理をめぐって**」『現代思想』、第45巻第21号（青土社）：こちらも自分の著作で恐縮ですが、マードックと見方の倫理について読める数少ない日本語の文献ということで。

・**平尾昌宏『ふだんづかいの倫理学』**（晶文社）：平易な言葉で明快に、ふだんづかいという観点から倫理学を学べる優れた著作です。

・倫理の理解の違いがもたらすもの

少し理解が難しかったかもしれない区別として、ここで挙げられた倫理の基準と、その内容との区別があります。これは、あるものを倫理に関連するものとする基準とは何かということと、実際にその基準を満たすものは何かということの区別です。たとえば、重要性基準は前者にかかわって、重要なものにかかわっていれば、それは倫理に関連するものということを示しています。それに続けて「では、重要なものって何なのですか」と問うのが、後者の問題ということになります。

倫理学理論の多くは重要性基準、理想像基準に立っているように思います。それぞれの理論が異なるのは、何が重要で、何が人間にとって良いかという内容の方であり、その良さをどうやって測定したり、評価したりするかという内容においてです。なかでも有力なものは、目的論と義務論です。

目的論では、たとえばそれ自体として重要なもの、良いものは幸福などといった目的だと考えられます。そして、この目的をどれだけ達成したかという結果によって行為の良さをはかるなら帰結主義、結果はともあれ、目的に近づけそうなことであるかによって行為や人柄の良さをはかるなら、その立場は非帰結主義と呼ばれます。

他方で、義務論は、そのような目的達成の度合いや見込みによってではなく、ある行為をまさに義務であるがゆえに行う、ということに重要性を見出します。目的論や義務論は、メタ倫理学と並置される規範倫理学の代表的な理論となっています。

・**児玉聡『功利主義入門』**（ちくま新書）：代表的な目的論、帰結主義といえば、功利主義ということで、こちらを挙げておきます。

・**菊池《きくち》理夫《まさお》、有賀《ありが》誠《まこと》、田上《たがみ》孝一《こういち》編著『徳と政治　徳倫理と政治哲学の接点』**（晃洋書房）：徳倫理学の一次文献としてハーストハウスの著作はすでに紹介したので、ここでは日本の論者たちによる徳倫理学についての論文集を紹介します。

・**御《み》子《こ》柴《しば》善之《よしゆき》『自分で考える勇気：カント哲学入門』**（岩波ジュニア新書）：カントの義務論の入門書はたくさんありますが、この著作は非常に読みやすく、かつ、内容のしっかりしたものとなっています。

・**森村《もりむら》進《すすむ》『幸福とは何か』**（ちくまプリマー新書）：それ自体で重要な目的の代表格、幸福。しかし、幸福とは何かも考えだすとよく分からなくなってくるので、幸福の定義について考えたい人は、ぜひ読んでみてください。

・**久《く》木《き》田《た》水生《みなお》、神崎《かんざき》宣次《のぶつぐ》、佐《さ》々《さ》木《き》拓《たく》『ロボットからの倫理学入門』**（名古屋大学出版会）、**ウェンデル・ウォラック、コリン・アレン『ロボットに倫理を教える：モラル・マシーン』**（名古屋大学出版会）：本書ではロボットに倫理を搭載するとは、といった例が何度か出されていますが、それをもっと丁寧に考えてみたい人は、こちらがお勧めです。

・倫理の理解から、倫理の問題の理解へ

ここでは応用倫理学と言われるジャンルにも触れています。日本でも生命倫理などは多くの大学の医学部などで必修の授業となっています。ただ、応用とは言うものの、単純に現場に倫理学理論を応用すれば済むという話ではなく、現場での様々な個別的な事例からボトム

アップで構成される問題も多くあります。現場と理論をうまく組み合わせながら、いかにしてより良い選択をしていくか、それをなんとか考え出すための試行錯誤が繰り広げられています。

- **山本《やまもと》史華《ふみか》『日常のなかの生命倫理：最後に守るべきものは何か』**（梓出版社）：本書と同じく、日常ということにこだわりながら、生命倫理について語った一冊です。
- **児玉聡『実践・倫理学：現代の問題を考えるために』**（けいそうブックス）：応用倫理学の諸問題を幅広く扱った著作です。実践的な問題を自分自身で考えてみたい人は、ぜひ読んでみてください。

第二章　倫理の問題に正解はあるか――「二つの思い込みについて」

この章ではメタ倫理学でしばしば論じられる論点の一つの、倫理的な価値は客観的か、という問題を少し変奏したものを扱っています。特に倫理学の世界では倫理についての真なる知識はもちうるか、倫理的言明に真理値はあるか（真であるとか偽であるとか言えるか）、倫理的事実は実在するか、などの形で問いが立てられることの方が多く、正解という言葉はあまり使われません。本書ではこちらの方が馴染《なじ》み深いと考えて、正解という言葉を採用しましたが、勉強を進める上では、随時読み換えてもらえればと思います。

・倫理の問題の正解の存在

ここでは「存在する／実在する」と「構成された」の区別という仕方で、倫理的価値の存在論を紹介しています。存在論は文字通り存在についての議論で、あるものは存在するか、それが存在すると言えるのはどういうときか、そもそも存在とは何か、といったことが論じられます。

メタ倫理学では、一時期、存在論は不調で、意味論や言語行為論、認識論と言われる分野の方が盛んでした。意味論は、登場する概念や語、文などがどのような意味をもっているか、ということにかかわる議論、言語行為論は主張や判断、警告など言語を用いてなされる行為についての議論、認識論は真理の認識や知識にかかわる理論です。

不調の時期においては、実在しようとしまいと、私たちの実践にはあまり影響がない、どの道、私たちは自前のものを駆使してなんとかやっていかなければならない、という発想が強かったように思います。それがマッキーらの登場で、やはり実在するかどうかは、私たちの実践に影響を与えるのではないか、妥当な理論はその存在のレベルまで遡《さかのぼ》るのでなければならないのではないか、と考えられるようになりました。

なお、本文でも述べたように、倫理的価値は実在しないと考える、非実在論者であっても、たいていの場合、倫理の正解はまったくあり得ないとは考えません。それは構成する、創り出すことができるからです。ただ、そうして創られた正解の身分については、様々な議論がありますし、創作のプロセスについても、どのようなものが妥当と言えるかについて論争があります。

また、実在すると考える立場のなかでも、それは自然界に自然的な仕方で存在すると考える自然主義者実在論者、実在はするが自然界に存在するのとは違った仕方で存在すると考える非自然主義実在論者の区別があります。

・倫理の問題に客観的な正解は存在しない？

マッキーは、客観的な倫理的価値は存在しないとする立場の代表的論者で、彼の主張は現在では錯誤理論（エラーセオリー）という名で知られています。錯誤理論とは、私たちの道徳判断は基本的に、本当は存在しない価値が存在するということを前提にして下されており、その点で、すべて誤っている、という主張です。

本書では、なぜ存在しない価値を存在すると思い込んでしまうのか、そのような思い込みはなぜ発生するのか、という点を中心に述べましたが、『倫理学』では、なぜ存在していないと言えるのか、ということの論証にもマッキーは力を割いています。それらは相対性に基づく論証と奇妙さに基づく論証と呼ばれています。

相対性に基づく論証はレイチェルズが取り上げたような、倫理の相対性に基づいて客観的価値の存在を否定する論証です。奇妙さに基づく論証は少しややこしいのですが、簡単に言うと以下のようになります。もし倫理的価値が先に述べた指令性をもつとしたら、あるいは、第四章で挙げたような心を動かすという特徴をもつとしたら、そんな力をもったものが自然界に存在しているというのは想定しにくい、またそんな力をもったものを人間が認識できるというのも疑わしい、したがって客観的な倫理的価値は存在しないと考えた方が筋が通る、という議論です。

現代では、マッキーのアイディアを基にして、「現在通用している倫理は人々が創り出したもので、偽りだが有益なフィクションだ」というフィクション説という理論が提唱されており、こちらもその正否が検討されています。

・ジョン・マッキー**『倫理学：道徳を創造する』**（哲書房）：錯誤理論から始まり、実際に倫理学を創るところまでが展開されるマッキーの主著です。

・サイモン・ブラックバーン**『倫理的反実在論』**（勁草書房）：マッキーの投影説を発展させて、独自の反実在論を説くのがブラックバーンです。ガチガチの研究書なので、わかりやすいとは言えませんが、関心がある人は挑戦してみてください。

・倫理の問題に客観的な答えは存在する？

客観的な正解は存在するという側の論者として、本書ではレイチェルズを取り上げましたが、彼の考えはどちらかというと彼のオリジナルというよりは、正解は存在するという側の標準的な見解を提示するものです。相対主義については、フットやウィリアムズも参戦して、様々な議論が提示されています。

また、心理学や進化論と倫理の関係は、非常に複雑なものです。ダーウィンの『種の起源』以来、人間の利他的行動を生物学的な基盤に基づいて説明しようという議論は様々な形で提示されてきました。特に宗教による説明から、科学による説明へという移行のなかで、人間の倫理的振る舞いには特別なところはなく、すべて進化論などの生物学の知見で説明できるという主張は暴露論証とも呼ばれ、フィクション説と並んで盛んに議論されています。

心理学や脳神経科学、社会調査などの実験によって、倫理についての様々な理論の正しさを検証する試みや、行動経済学などを通じて人々の倫理的行動にアプローチする研究も、最近では数多く行われています。これから先、自然科学や社会科学の方法論と倫理学がどのように接続しうるかは、現在、議論が始まったばかりであり、日本でもこれからの研究の発展が期待されています。

倫理に証明はあるかどうかというのも難しい問題です。オーストラリアのコーネル大学のグループは、科学哲学の研究に基づいて、倫理学においても、客観的な正解は存在するということを証明する試みを行っています。これはコーネル実在論と呼ばれて、目下注目されているプログラムの一つです。他方で、倫理においてはそもそも証明は不要である、証明なしに正しいと言えることがある、という考えもあります。これは直観主義と呼ばれていますが、四章でも登場したメタ倫理学の創始者、ムーアや同時代のH・A・プリチャードらがこの立場を取っていたことで知られます。

・ジェームズ・レイチェルズ『ダーウィンと道徳的個体主義——人間はそんなにえらいのか

――』（晃洋書房）：攻めた副題が目を引きますが、原題は *Created from Animals: The Moral Implications of Darwinism* で、動物と人間の連続性から倫理を考えるものです。

・**スコット・ジェイムズ『進化倫理学入門』**（名古屋大学出版会）：一時期はあまり議論されていなかったのですが、最近、再び注目を浴びている進化倫理学の入門書です。

・**植原《うえはら》亮《りょう》『自然主義入門：知識・道徳・人間本性をめぐる現代哲学ツアー』**（勁草書房）：植原は「道徳とは一種の『生物―文化的人工物』にほかならない」（『自然主義入門』184頁）と述べます。彼の考えでは、道徳は「人間共通の基礎的な感情や認知能力が種子となって芽生えてくるという点で、まぎれもなく生物学的な起源に発する」ものですが、同時に「道徳的価値観は、外的足場に支えられた社会的・文化的学習を通じて成長を遂げていく」（同）。また、自律性を重視する倫理にとって重要なものとして、バイアスの排除を第一に挙げ、様々なバイアスとの向き合い方を挙げています。

・**鈴《すず》木《き》貴之《たかゆき》**編著**『実験哲学入門』**（勁草書房）：様々な現実の調査、実験を通じて、哲学や倫理学の主張を検証する試みとして、近年、注目されているのが実験哲学というジャンルです。こちらは日本語で読める待望の入門書ですので大変にお勧めです。

・二つの思い込み

倫理は創り上げるものと考える立場は、倫理を創るためのルール、手続きを重視します。そのため、「手続き的実在論」などと呼ばれることもあります。有名なジョン・ロールズの『正義論』も正義にかなった社会のルールを作るための手続きとして、原初状態というモデルを提示するものでした。彼の強い影響を受けたコースガードもカントの理論をベースに、独自の観点から規範性とは何なのかということを探究しています。

・長《なが》友《とも》敬《けい》一《いち》『正義は時代や社会で違うのか：相対主義と絶対主義の検討』（ナカニシヤ出版）：本書では相対主義はそれほど踏み込んで論じていませんが、特に正義について考える場合、この著作が読みやすく、勉強になります。

・アンソニー・ウエストン『ここからはじまる倫理』（春秋社）：どのようにして偏見や先入観を避けて、倫理について対話するのか、ということを具体的なポイントから示してくれる一冊です。

・クリスティーン・コースガード『義務とアイデンティティの倫理学：規範性の源泉』（岩波書店）：近年では動物倫理の研究に力を入れているコースガードの代表的著作で、ウィリアムズらの批判およびそれへの応答も収録されています。

第三章　倫理の問題と真理——「正解を求めることはそんなに大事？」

第三章は、ローティとウィリアムズを軸に、倫理学において真理（truth）を探究することについての説明を試みました。倫理における真理とは何なのかということもまた非常に厄介な問題です。そもそも真理とは何なのかという問題は、認識論と呼ばれる分野を中心に、哲学のなかで論じられてきました。

伝統的には、本書の第二章で述べたような、対応する事実の存在によって、真理を説明する対応説が有力だったのですが、現代では、そうした対応する事実よりも、全体としての整合性によって説明する説や、「Aはxであるということは真理である」ということは単に「Aはxである」ということでしかないというデフレ説なども提唱されています。倫理学もそうした真理論の更新に合わせる形で、理論構築することが求められています。

・チェイス・レン『現代哲学のキーコンセプト：真理』（岩波書店）：現代哲学のキーコンセプトシリーズには他にも『自由意志』『非合理性』などがあり、どれも読みやすく勉強になります。

・真理の探究など不要

20世紀初頭にそうした真理についての考え方のアップデートを始めた集団の一つが、ウィリアム・ジェイムズやチャールズ・パースらに代表されるプラグマティズムという思想です。本書で紹介したローティは、ネオプラグマティズムと呼ばれる立場を提唱し、プラグマティズムを現代に復活させた人物とされています。ローティ自身の立場をプラグマティズムの流れのなかでどう位置づけるかということには議論もありますが、彼の議論が20世紀の哲学史において多大な影響力を持ったことは間違いありません。なお、プラグマティズムについては、日本の哲学界でも関心が高く、最近は日本語で読める優れた解説書がたくさん出ています。ローティ自身の文章についても、その多くが翻訳されています。

・伊《い》藤《とう》邦《くに》武《たけ》『プラグマティズム入門』（ちくま新書）、**ジョン・マーフィ、リチャード・ローティ『プラグマティズム入門：パースからデイヴィドソンまで』**（勁草書房）、**岡《おか》本《もと》裕《ゆう》一朗《いちろう》『ネオプラグマティズムとは何か：ポスト分析哲学の新展開』**（ナカニシヤ出版）、**シェリ**

ル・ミサック『プラグマティズムの歩き方　上：21世紀のためのアメリカ哲学案内』（勁草書房）：プラグマティズムを勉強するのであれば、この辺りからといういずれも優れた著作です。

・リチャード・ローティ『偶然性・アイロニー・連帯：リベラル・ユートピアの可能性』（岩波書店）：ローティの著作のなかでも、倫理的な側面についての議論が多く見られる著作です。

・ジョージ・オーウェル『１９８４』（ハヤカワ epi 文庫）：小説家ジョージ・オーウェルの代表作で、オルダス・ハクスリーの『すばらしい新世界』などと並んで、哲学者によく言及されるディストピア小説です。なお両作品ともに「英語で書かれた20世紀の小説ベスト１００」に選出されていますが、ここにはマードックの『網のなか』も選出されています。

・個性と真理

ウィリアムズは英語を母語とする研究者たちも解読に難儀するような難解な文章で知られ（カヴェルは、ウィリアムズに対して、「君は書いたものより、話すことの方がいいね」と言ったそうです）、これまでは単著が一冊翻訳されているのみで、解説書も存在しない状態でしたが、最近、ようやく論文集が翻訳されました。とはいえ日本語で読んでも難解なのは相変わらずなので、監訳者による解説や解説論文などを手引きに、外堀を埋めながら挑むことをお勧めします。

ウィリアムズの主張は *Utilitarianism for and against* という冊子での、功利主義批判が特に有名です。そこで、ウィリアムズは全一性（integrity）という概念を使って、功利主義を徹底的に批判しました（最近はビジネスのシーンなどでも片仮名でインテグリティと言われることがありますが、こちらは高潔さなどと訳されることが多いようです）。

メタ倫理学の文脈では、上述の論文集収録の「内在的理由と外在的理由」という理由の本性について論じた論文が、後の理由研究の先駆的研究の一つとなっています。また、他にも「運」や「恥」「後悔」などの、主流の倫理学が取りこぼした概念をすくい上げて、倫理学の裾野を拡大することに大きく貢献しました。本書で取り上げた誠実さや正直さという概念もそうした概念の一つです。

チャールズ・テイラーは政治哲学などの分野で活躍する重鎮で、サンデルの師にもあたる人物ですが、倫理学においては、オックスフォードでアンスコムの指導を受けており、その著作にはマードックの強い影響も見てとれます。また、ヘアとも同僚で、彼の死去の際には*The Independent*紙に弔文を寄せています。共同体主義者として知られ、昨今の個人主義を浅薄なエゴイズムに基づくと批判しますが、教養と哲学史の知識に裏づけられた説得力のある議論は、単なるお説教にとどまらない深みを感じさせます。

・**バーナード・ウィリアムズ『道徳的な運：哲学論集一九七三〜一九八〇』**（勁草書房）：何はともあれ、まずは解説から読みましょう。

・**チャールズ・テイラー『〈ほんもの〉という倫理』**（産業図書）、**『自我の源泉：近代的アイデンティティの形成』**（名古屋大学出版会）：本文中では前者の紹介をしましたが、腰を据えてテイラーの倫理学を学ぶなら、後者にもぜひ挑戦してもらいたいところです。

・認知的不正義

フリッカーは本章で紹介した論者たちのなかでは数少ない現役で活躍中の研究者ですが、彼女が提示した認識的不正義の理論はすでに世界的に高い評価を受けています。もちろん批判もあるのですが、それも含めて偏見に基づく不正義にどのように立ち向かっていくかという議論を大きく進展させる推進力となっています。特に、ウィリアムズの議論は抽象的でなかなか現実に応用して考えることが難しかったのですが、彼女の登場によって、道が開かれたという感があります。また、途中で触れた「モノ化」という概念については、昨今、ポルノ表現などを巡って議論が行われています。

・佐《さ》藤《とう》邦《くに》政《まさ》「解釈的不正義と行為者性：ミランダ・フリッカーによる解釈的不正義の検討を中心に」『倫理学年報』、PP.247-261

・小《こ》宮《みや》友《とも》根《ね》「表象はなぜフェミニズムの問題になるのか」『世界』、２０１９年５月号

第四章　倫理の問題と規範的な言葉

第四章は「良い」「悪い」という言葉を中心において、規範的な言葉の用法や特徴を探るというテーマで探究を行いました。ムーアが『倫理学原理』において、「『良い』はそれ以上分割できない、定義できない、良いは良いだ、終わり」と宣言して以来、倫理学者たちは、本当にそうだろうか、ということであれこれ議論を重ねていきました。そのために20世紀中盤から80年代くらいまでのメタ倫理学では、「良い」(good)という言葉の意味を巡る研究

が主流を占めていたので、それをかみ砕いて説明することを試みたものです。

・規範的な言葉の用法

歴史的には、まず用法についての議論が盛んに行われます。ムーアの言う通りに「良い」は「良い」で終わりだとなると、それ自体についてのそれ以上の分析は難しいので、それがどのような場合に、何のために使われているか、という方向に研究がシフトしたわけです。

最初は「フレー!」(応援)、「ブー!」(野次)などの話者の態度、感情、情動の表現で「良い」「悪い」という言葉の用法を理解する情緒主義が、影響力をもちます。他方で、態度表現では倫理から客観性が失われてしまうと考えた論者たちは、それとは異なる仕方で「良い」を理解しようとします。そのなかから生まれてきたのが、説得、命令、助言などによる「〜は良い」という道徳判断の理解です。

こういった一連の理解は、話し手の側の何かを言い表すことから、表出主義という言葉でまとめられていきます(道徳判断の第一の目的は真理を表すことではないと考える点で、非認知主義とまとめられることもあります)。

・アルフレッド・エイヤー『言語・真理・論理』（岩波現代叢書）：情緒主義について理解するならここからです。

・ジョン・オースティン『言語と行為：いかにして言葉でものごとを行うか』（講談社学術文庫）：言葉を使って何かをするという言語行為論の古典的名著です。２０１９年に新訳文庫版が出て、お求めやすくなりました。

本文で登場したフレーゲ・ギーチ問題は、態度表現で道徳的な言葉を説明することを批判したものですが、典型的には、以下のように説明されるものです。

前提１：嘘をつくことは悪い
前提２：嘘をつくことが悪いなら、弟に嘘をつかせることも悪い
結論：弟に嘘をつかせることは悪い

この二つの前提から結論を導き出す推論は、妥当な推論であるように見えます。ところで、ある前提から結論を導き出す推論が妥当であるためには、そこで使われている言葉が正確に同じことを意味している必要があります。そうでなければ、「そこの川にははしがかかっている」「はしは食事をするための棒である」という二つの前提から「そこの川には食事をするための棒がかかっている」という結論が導き出せることになってしまいます。

さて、今、「悪い」という言葉が好き嫌いの感情表現を意味すると仮定します。確かに、前提1の「嘘をつくことは悪い」は嘘に対する嫌悪感を表しているかもしれません。しかし、前提2の「嘘をつくことが悪いなら」のなかの「悪い」は普通、嫌悪感を表しているとは考えられません。そうすると前提1と前提2の間で「悪い」の意味が変わってしまっている以上、この推論は妥当ではない、と考えなければならなくなります。しかし、それはおかしい、どう見てもこの推論は妥当である、ということから、「悪い」は感情表現を意味するものではない、というのが、フレーゲ・ギーチ問題が提起した批判ということになります。

・規範的な言葉の特徴

本文中では明確に定義することなく、特徴と用法という言葉を使い分けています。これは意味論ないし統語論的なレベルと語用論的なレベルとの対比を意識していますが、それに尽きるものではありません。語や文自体がもっている特徴と、そうした特徴をもった語や文を利用して話し手がなすこと、という区別ということもできます。

ただ、本書では、助言を用法のレベル、記述を特徴のレベルに置きましたが、実際は、どちらももう一方のレベルで説明可能です（助言を特徴レベルでとり、記述を用法レベルでとる）。この点については、前掲の『メタ倫理学の最前線』所収の拙著「非認知主義についての論争」を読んでいただけると幸いです。

20世紀前半から中盤にかけての用法の研究を通じて、倫理的な判断がもっている特徴が徐々に明らかになっていきます。最初に挙げたのが「一定の規準や根拠に基づく」という特徴でした。これはヘアらも強調していた論点ですが、その後、トマス・ネーゲルやウィリアムズらの議論などを通じて様々な修正がなされ、21世紀の倫理学では価値などを全面的に理由という概念から考える取り組みがなされています。パーフィットやスキャンロンがその代表ということになります。

理由に注目することで従来の倫理学にどこまで新しい光を当てることができるかは、目下、非常に注目されている研究の一つです。なお、本書での理由の理解については、安倍《あべ》里美《さとみ》の

「価値と理由の関係は双条件的なのか―価値のバックパッシング説明論の擁護―」（『倫理学年報』〈2019〉）などの理由についての一連の論考および、彼女との普段の議論にそのきわめて多くを負っています。とはいえ、記述に誤りがあれば、それはすべて筆者の責任です。

規範的な言葉は心を動かす力をもつか、というのは、ソクラテス以来の大問題でしたが、現代では一つには、マイケル・スミスが『道徳の中心問題』において内在主義―外在主義の論争という形で示し、広く知られることになりました。あるいは、アモラリスト、サイコパスと呼ばれる人々の存在への注目が、議論に拍車をかけました。

サイコパスにも様々な定義がありますが、特に、他者の権利や幸福を気にかけず、犯罪を行っても良心の呵《か》責《しゃく》を感じない反社会的なパーソナリティをもった人々についての実態が明らかになるにつれ、研究者たちの間でも、規範的な言葉は必ずしも人を動かす力をもたない、という考え方が説得力を増していきます。しかし、他方で、現に規範的な言葉に力を得て善行をなす人々がいるのも事実であるように思われる以上、それらの両方をうまく説明する理論が求められたのです。この分野は心理学の研究とも相性がよく、モラル・サイコロジーという形で、研究が進められています。

対象の記述という論点は、もともと倫理的な判断の特徴は助言にあるという立場、倫理的な判断の特徴は記述にあるという立場、この二つの対立という形で登場しました。特に記述を重視するフットと助言を重視するヘアは、激しい議論を繰り広げました。現在では倫理的な判断はどちらの特徴ももつという理解が広まっている傾向にあるように思いますが、どちらに重点を置いて解釈するかというところでは、なお議論が分かれています。

・**マイケル・スミス『道徳の中心問題』**（ナカニシヤ出版）：中級者向けではありますが、メタ倫理学の問題が綺麗に整理してあり、入門レベルの次に挑戦してもらいたい著作です。

・**太《おお》田《た》紘《こう》史《じ》**編著**『モラル・サイコロジー：心と行動から探る倫理学』**（春秋社）：心理学と倫理学をつなげる研究として、日本語で読める最高峰の一冊です。

・**ヘンリー・ジェイムズ「オーエン・ウィングレイヴ」『ねじの回転』**（創元推理文庫）所収：ウィリアムズが内的理由と外的理由の区別において例に挙げた作品です。作者のヘンリー・ジェイムズはプラグマティズムで知られるウィリアム・ジェイムズの弟にあたります。とはいえ、オペラ好きで知られるウィリアムズなので、小説を原作として描かれたベンジャミン・ブリテン作の歌劇版（1970）の方が頭にあったのではないかとも思われます。

なお、ブリテンは、メルヴィルの『ビリー・バッド』も歌劇にしていますが、この『ビリー・バッド』は、ウィリアムズに強い影響を与えた哲学者で、同じくオペラ好きだったピーター・ウィンチが「道徳判断の普遍化可能性」（１９６５）という論文で題材にしたことで知られています。そこでウィンチは、ヘアを批判し、道徳判断は普遍化可能とは限らないという主張をしましたが、この主張はウィリアムズの理由は内的なものに限られるという主張を先取りする要素をもっています。

・単なる言葉の使い方の違いを超えて

前掲のようにメタ倫理学は主に「良い」という語の分析を中心にして、その他に「べき」「正しい」などを加える形で、発展してきました。しかし、これは後に「薄い概念」（thin concept）でしかない、としてフットやウィリアムズに批判されることになります。私たちの倫理という営みは薄い概念だけでなく、もっと「濃い（厚い）概念」（thick concept）によっても彩られています。ヘアはそれらについても従来のメタ倫理学は応用可能だという旨の反論を行っています。結局のところ、濃い概念とはいったい何なのかということについては、その後も、先述のブラックバーンとジョン・マクダウェルの間の論争など、様々な局地戦が繰り広げられ続けており、現在でも定説と言えるものはなかなか見つからない状態です。

・**荻原理《おぎはらさとし》『マクダウェルの倫理学『徳と理性』を読む』**（勁草書房）：文章の難解さにおいてはウィリアムズと双璧をなす巨人マクダウェルですが、本書を読めばそういうことだったのか、と一気に腑に落ちます。こちらをガイドにしつつ、マクダウェル本人の『徳と理性』（勁草書房）を読んでいただければ幸いです。

第五章　日常とかかわりあいの倫理

第五章はカヴェルの議論を下敷きにしながら、倫理の問題を筆者なりに語るという目的をもった章でした。とはいえ、カヴェルの哲学は、これまた難解であり、本書が彼の意図を十分に汲んだものになっているかについては、きわめて正直に言って、自信がありません。荒畑の解説を多分に参考にしていますが、誤りが含まれていれば、それはすべて筆者の責任です。

カヴェルの議論の魅力は、懐疑論を不合理だと切り捨てるのではなく、それになんとかして寄り添い、そこから大事なものを読み取ろうとする姿勢にあると思います。メタ倫理学においても、倫理についての懐疑論を不合理だと却下するのではなく、そこに何かを読み取ろうとすることは可能ではないか、ということが、本章のポイントになっています。かかわりあいとしての倫理という考えは、倫理学史を見渡してみればさして目新しい、珍しいものではありません。その意味では本書の結論は新しいことを述べたというよりは、様々な倫理学理論に通底するものを明確化しようとしたものに過ぎません。

とはいえ、メタ倫理学においては不思議なほどに、倫理とは何のことなのか、倫理の問いとは何を問う問いなのか、ということは明確には主題化されてきませんでした。これから皆さんが倫理学に興味をもたれた際には、この論者はどんな問いを倫理の問いだと考え、それにどのように答えようとしているのか、ということに注目してみてもらえれば、それぞれの論者の議論の理解はより深まるように思います。

なお、カヴェルはウィリアムズと三十代の頃から親交があり、自叙伝のなかでは、ウィリアムズのことを「世界でもっとも魅力的で知的な人間」と呼び、ウィリアムズがアメリカに滞在した際には「もはや同僚らしい振る舞い方などしていられるかとばかりに、ともに大いに飲み過ぎ、ニューヨークで映画を見漁り、オペラを見に行きさえした」と記しています（*Little Did I Know: Excerpts from Memory*, Stanford University Press, p.416）。

・**荒畑靖宏「日常性への回帰と懐疑論の回帰：スタンリー・カヴェル」**齋藤元紀《さいとうもとき》、増田靖彦《ますだやすひこ》編著**『21世紀の哲学をひらく：現代思想の最前線への招待』**（ミネルヴァ書房）所収：この著作に収録されている論文はいずれもきわめて優れたものですが、荒畑のこの論文は特にこれまで日本ではあまり紹介されてこなかったカヴェルの哲学を分かりやすく、そしてとても魅力的に示したものなので、ぜひとも読んでみていただきたい一本です。

・**山口尚《やまぐちしょう》『幸福と人生の意味の哲学』**（トランスビュー）：山口は「眼前に現れうるもの」と「超越」を区別し、幸福とは超越の側に属するものだと述べています。それは目の前に現れて確認、検証できるようなものではなく、それらのすべてを成り立たせ、いつでも私たちとともにあるものです。かかわりあいとしての倫理という考え方には、それを幸福と呼ぶにせよ、人生の意味と呼ぶにせよ、倫理と呼ぶにせよ、こうした考え方とつながるものがあります。

・**高橋隆雄《たかはしたかお》「日常化の傾向性と仏性：ガン闘病体験に基づく考察」**『先端倫理研究』ｖｏｌ．14、PP.30-48：2020年、惜しくも亡くなった高橋が残した最後の論考です。病や災害という非日常に際して、日常を取り戻そうとする私たちのなかの力が描き出されています。

あとがき

本書の企画が立ち上がったのは2018年4月のことでした。前年に私が『現代思想』に書いた「C．ダイアモンドの分析的倫理学批判：分析対象としての倫理をめぐって」という論考を、光文社の古川遊也さんが読み、新書を書きませんかと声をかけてくださったのです。

当該論文はそれよりも少し前に出版した『メタ倫理学入門』で書き残したと感じていた部分をダイアモンドという研究者の言葉を借りて文章にしたものでした。また、『メタ倫理学入門』は倫理学を勉強してみようという気のある大学生以上をターゲットにして執筆したものので、気軽に読むには少しハードルが高いという意見も伺っていました。そこで最初は、両者の内容を合わせてとにかく読みやすくしたものを書こうと思い、執筆を引き受けました。

しかし、古川さんは「新しいエッジの効いたものを書きましょう！」と何度も仰ってくださり、私もだんだんその気になって、最終的に、内容の重複はだいぶ減り、新たに考えたことがほとんどというものになりました（エッジが効いたかどうかは分かりません）。

本書は、倫理の問題を解くというより、倫理の問題とどう向き合うか、ということをテーマにしています。そのために、そもそも「倫理の問題」とは何か、それは「数学の問題」や「健康の問題」とは何が違うのか、いったいぜんたい「倫理」という言葉は何を意味しているのか、ということが論じられます。これは倫理学のなかでも、メタ倫理学という学問分野に属しています。

メタ倫理学は、言葉や概念の意味、本性を掘り下げていくことが主たる作業です。そうするとどうしても、頭のなかで考えただけのもの、机上のものになってしまいがちです。私自身も自分の考えていることは、誰の何の役にも立たないのではないか、と悩むこともありました。

しかし、たとえば授業をしているなかで学生さんから「メタ倫理学の授業を受けて自分がいかに言葉や先入観にとらわれていたかに気づいた」といったコメントをもらうことがあります。メタ倫理学によって、いきなり現実の問題をすべて解決することはできません。でも、それを通じて問題との向き合い方を考えることは、自分の「世界の見方」を反省する機会になる、そうした反省は私たちの日常を少し良い方に進める一助になる、そう考えてもいいのではないかと、今では思っています。

トマス・ネーゲルという哲学者の言葉を借りるなら、「道徳哲学は問いの答えはもちろんだが、それ以上に、問いそれ自体の十全な理解に関心をもつべきである。それによって、答えの探求の途が少しでも明るくなるように」（*Concealment and Exposure & Other Essays*, Oxford University Press, 2002, 154頁）。

本書も多くの人に助けてもらって完成しました。三重大学の安倍里美さんにはいつも最初に原稿を読んでもらっています。熊本大学の松﨑千香さんには細かく文章を見てもらって、本当に感謝しています。同じく熊本大学の清末ももさん、慶應大学の中根杏樹さんにも、随所に的確な指摘をいただきました。

本書には多くの女性の哲学者が登場します。日本の哲学・倫理学業界はまだまだ男性の比率が多いですが、哲学は男性のものだ、などということは決してありません。本書でも扱った認識的な不正義に苦しめられることなく、割り当てられた性別に関係なく、誰もが自由に思考を羽ばたかせることができる、そういう世界の実現を願ってやみません。

光文社で担当をしてくださった古川さんにもお世話になりました。私がのろのろと原稿を書いていたせいでご迷惑をおかけしましたが、古川さんが「こんなのを読みたい！」と言ってくれるので、なんとかそれに応えようと書き進めることができました。古川さんと入れ替わりで担当していただいた永林あや子さんには、終盤、私が不安になっているところの背中をしっかり押していただきました。一人で書く論文とは違って、誰かに伴走してもらえるのは本当に心強いものです。相変わらず難解な文章のチェックに付き合ってくれる弟の存在も大層ありがたいです。また、素敵なイラストを描いてくださった、ジョディ・アサノさんにも心から感謝いたします。

最後に、本書の執筆中（２０２０年10月15日）にこの世を去った猫のもずくさんに本書を捧げます。

筑摩書房

第四章

D. Parfit（2011）*On What Matters* vol. 1-2, Oxford University Press

B. ウィリアムズ「内的理由と外的理由」『道徳的な運：哲学論集一九七三〜一九八〇』所収　伊勢田哲治、江口聡、鶴田尚美訳　勁草書房 pp. 175-196

B. ウィリアムズ「道徳的な運」『道徳的な運：哲学論集一九七三〜一九八〇』所収　伊勢田哲治、江口聡、鶴田尚美訳　勁草書房 pp. 33-66

ヘンリー・ジェイムズ（2005）「オーエン・ウィングレイヴ」『ねじの回転』所収　南條竹則、坂本あおい訳　創元推理文庫

T. Scanlon（1999）*What We Owe to Each Other*, Harvard University Press

戸田山和久、唐沢かおり編（2019）『〈概念工学〉宣言！　哲学×心理学による知のエンジニアリング』名古屋大学出版会

第五章

A. Gibbard（2003）*Thinking How to Live*, Harvard University Press

G. E. ムア『倫理学原理：付録：内在的価値の概念 / 自由意志』泉谷周三郎、寺中平治、星野勉訳　三和書籍

S. Cavell（1980）*The Claim of Reason: Wittgenstein, Skepticism, Morality, and Tragedy*, Oxford University Press

杉本俊介（2021）『なぜ道徳的であるべきか：Why be moral? 問題の再検討』勁草書房

S. Cavell（1969）“Knowing and Acknowledging” *Must We Mean What We Say?*（updated edition）, 2002, Cambridge Philosophy Classics, pp. 220-245

伊藤亜紗（2020）『手の倫理』講談社

平井杏子（1995）『アイリス・マードック』彩流社

ジョン・クッツェー（2003）『動物のいのち』森祐希子・尾関周二訳　大月書店

コーラ・ダイアモンド「現実のむずかしさと哲学のむずかしさ」中川雄一訳、『〈動物のいのち〉と哲学』所収　春秋社

宮野真生子（2019）『出逢いのあわい：九鬼周造における存在論理学と邂逅の倫理』堀之内出版

荒畑靖宏（2016）「日常性への回帰と懐疑論の回帰―スタンリー・カヴェル」『21 世紀の哲学をひらく：現代思想の最前線への招待』所収　齋藤元紀、増田靖彦編著　ミネルヴァ書房

参考文献

新書

I. Murdoch（1956）“Vision and Choice in Morality”, *Proceedings of the Aristotelian Society, Supplementary Volumes*, Vol. 30 pp. 14-58

I. マードック（1992）『善の至高性：プラトニズムの視点から』菅豊彦・小林信行訳　九州大学出版会

奥田太郎（2012）『倫理学という構え：応用倫理学原論』ナカニシヤ出版

プルタルコス（2018）「肉食について」『モラリア 12』三浦要、中村健、和田利博訳　京都大学学術出版会

C. ダイアモンド（2013）「肉食と人食」横大道聡訳、C. サンスティン & M. ヌスバウム（編）『動物の権利』尚学社 pp. 125-147

第二章

鈴木貴之編著（2020）『実験哲学入門』勁草書房

J. レイチェルズ（2011）『倫理学に答えはあるか：ポスト・ヒューマニズムの視点から』古牧徳生、次田憲和訳　世界思想社

J. レイチェルズ、S. レイチェルズ（2017）『新版 現実を見つめる道徳哲学』次田憲和訳　晃洋書房

J. Mackie（1946）“A refutation of morals” *Australasian Journal of Philosophy*, 24:1, pp. 77-90

J. マッキー（1990）『倫理学：道徳を創造する』加藤尚武監訳　哲書房

第三章

M. カクタニ（2019）『真実の終わり』岡崎玲子訳　集英社

R. ローティ（2000）『偶然性・アイロニー・連帯：リベラル・ユートピアの可能性』齋藤純一、山岡龍一、大川正彦訳　岩波書店

G. オーウェル『1984』高橋和久訳　ハヤカワ epi 文庫

R. Rorty（2002）“To the Sunlit Uplands” *London Review of Books*, Vol. 24 No. 21, 31 October

B. Williams（2002）*Truth and Truthfulness: An Essay in Genealogy*, Princeton University Press

B. ウィリアムズ（2020）『生き方について哲学は何が言えるか』森際康友、下川潔訳　ちくま学芸文庫

C. テイラー（2004）『〈ほんもの〉という倫理』田中智彦訳　産業図書

M. Fricker（2009）*Epistemic Injustice: Power and the Ethics of Knowing*, Oxford University Press

佐藤邦政（2019）『善い学びとはなにか：〈問いほぐし〉と〈知の正義〉の教育哲学』新曜社

C. エムケ（2018）『憎しみに抗って：不純なものへの賛歌』浅井晶子訳　みすず書房

R. ローティ（2014）「プラグマティズム・相対主義・非合理主義」『プラグマティズムの帰結』所収　室井尚、吉岡洋、加藤哲弘、浜日出夫、庁茂訳

参考文献

序章

山中伸弥監修　上廣倫理研究部門編（2017）『科学知と人文知の接点　iPS細胞研究の倫理的課題を考える』弘文堂

W. ブロック（2020）『不道徳な経済学：転売屋は社会に役立つ』橘玲訳　ハヤカワ文庫

久木田水生、神崎宣次、佐々木拓著（2017）『ロボットからの倫理学入門』名古屋大学出版会

第一章

品川哲彦（2020）『倫理学入門　アリストテレスから生殖技術、AIまで』中公新書

I. カント（2012）『道徳形而上学の基礎づけ』中山元訳　光文社古典新訳文庫

I. カント（2013）『実践理性批判（一）～（二）』光文社古典新訳文庫

J. Bentham（1996）*An Introduction to the Principles of Morals and Legislation*, ed. J. H. Burns and H. L. A. Hart, Oxford University Press

J. S. ミル（2020）『論理学大系（4）』江口聡、佐々木憲介訳　京都大学学術出版会

J. S. ミル（2010）『功利主義論集』川名雄一郎、山本圭一郎訳　京都大学学術出版会

D. エドモンズ（2015）『太った男を殺しますか？』鬼澤忍訳、太田出版

P. Foot（1952）“The Philosopher’s Defence of Morality” *Philosophy*, vol. 27（103）, pp. 311-328

R. M. ヘア（1982）『道徳の言語』小泉仰・大久保正健訳　勁草書房

R. M. ヘア（1982）『自由と理性』山内友三郎訳　理想社

P. Foot（1954）“When Is a Principle A Moral Principle” *Proceedings of the Aristotelian Society, Supplementary Volumes*, Vol. 28, pp. 95-134

P. Foot（1958）“Moral Belief” repr. *Virtues and Vices*, Oxford University Press, pp. 110-131

平尾昌宏（2019）『ふだんづかいの倫理学』晶文社

G. J. Warnock（1967）*Contemporary Moral Philosophy*, Palgrave

B. Williams（1972）*Morality - An Introduction to Ethics*, Cambridge University Press

M. Midgely（1972）“Is ‘Moral’ A Dirty Word?” in *Heart and Mind*, Routledge, pp. 119-153

G. E. M. Anscombe（1958）“Modern Moral Philosophy”, in *Philosophy*, vol. 33（124）, pp. 1-19.

G. E. M. アンスコム（1984）『インテンション—実践知の考察—』菅豊彦訳　産業図書

古田徹也（2019）『不道徳的倫理学講義——人生にとって運とは何か』ちくま

佐藤岳詩（さとうたけし）

1979年、北海道岩見沢市生まれ。京都大学文学部卒業。北海道大学大学院文学研究科博士課程修了。博士（文学）。熊本大学文学部准教授を経て、現在、専修大学文学部哲学科准教授。専門はメタ倫理学、およびエンハンスメントを中心とした応用倫理学。主な著書に『R・M・ヘアの道徳哲学』『メタ倫理学入門〜道徳のそもそもを考える』（いずれも勁草書房）。

「倫理《りんり》の問題《もんだい》」とは何《なに》か　メタ倫理学《りんりがく》から考《かんが》える

2021年4月30日初版1刷発行

著　者 ── 佐藤岳詩
発行者 ── 田邉浩司
装　幀 ── アラン・チャン
印刷所 ── 近代美術
製本所 ── ナショナル製本
発行所 ── 株式会社光文社
東京都文京区音羽1-16-6（〒112-8011）
https://www.kobunsha.com/
電　話 ── 編集部03（5395）8289　書籍販売部03（5395）8116
業務部03（5395）8125
メール ── sinsyo@kobunsha.com

 ISBN 978-4-334-04538-8

1126
運気を引き寄せるリーダー 七つの心得
危機を好機に変える力とは
田坂広志

「強運」のリーダーは、メンバーやチームにも「強運」を呼び込む。「運の強さ」は、誰でも意識的な努力で身につけることができる。先端科学に基づいた二一世紀の「新たな運気論」。

978-4-334-04533-3

1127
もしも、私が「がん」になったら。
81歳、現役医師の準備と決意
藤田紘一郎

81歳、免疫が専門の名物医師がとことん「がん」と向き合った。仕事は続ける？　治療は受ける？　改善すべき生活習慣は？　発症しても慌てない、嘆かないためのがん入門書。

978-4-334-04534-0

1128
お笑い世代論
ドリフから霜降り明星まで
ラリー遠田

芸人の「第七世代」という言葉が一般にも広まるなか、それ以前の世代が誰なのか、どのような変遷を経て現在に至ったのかを改めて振り返る。「世代論」で読みとく戦後芸能史。

978-4-334-04535-7

1129
郵政腐敗 日本型組織の失敗学
藤田知也

郵便事業の創業から一五〇年を迎えた日本郵政グループ。従業員四〇万人を超える巨大組織の実態は、「腐敗の構造」と究極の「事なかれ主義」だ。朝日新聞のエース記者が徹底取材！

978-4-334-04536-4

1130
「倫理の問題」とは何か
メタ倫理学から考える
佐藤岳詩

それは良いことか、悪いことか。これは正義か、不正義か――。日常がゆらいだときに現れる倫理の問題に、私たちはどう向き合えばいいのか。世界の眺め方が変わるメタ倫理学入門書。

978-4-334-04538-8